人之需（代总序）

一直想给中学生朋友编一套中华传统文化方面的读本。

作为中学语文教师，我们有自己的理由——

中华古代文化浩如烟海，书市上古代文化方面的图书也不计其数，但专门面向现代中学生的普通读本却很难找到，更不要说那种切合中学生阅读心理，精心选材、精心作注、精心释义的系列丛书了。

而从一名中学语文教师的角度看，当今中国语文教育，最缺失的一块又恰恰是对中华传统文化的敬重、理解与传承。

众所周知，新中国成立60多年来的语文教育被当作两个大的工具在使用：一是作为政治工具，大致对应1949—1980年的30年间；二是作为应试工具，1980年以后的30余年皆如是。前者是自上而下的自觉行为，后者是"变态"行为——教育本来是指向学生的全面发展的，但因为"高考列车"越跑越快所产生的巨大无比的力量，语文也已完全沦落为应试的工具。

在这样的教育中，没有文化，或者说对文化的漠视，已成为语文教育的一个并不为多数人清醒地意识到的"传统"；丢弃传统文化，甚至鄙薄传统文化，也已成为语文教育的一个并不为多数人清醒地意识到的"传统"。

在这样的教育中，现代语文教育的本质意义——作为培育"民族文化之根"的意义，作为培育"效忠于"、"皈依于"中华民族的现代公民的意义，已基本丧失。

而中华民族现代前行的艰难身影又告诉我们：我们的教育，我们的语文教育，必须敬重、理解、传承中华传统文化。

中华传统文化作为中华文明的载体，其两大支柱是儒与道。而作为现世人生精神支柱的文化，又主要是儒家文化。儒家文化又以孔子为核心，孔子文化的核心是"仁"——"仁者""爱人"。何为"爱人"？孔子"一以贯之"的是"忠恕"二字——"己所不欲，勿施于人"，"己欲立而立人，己欲达而达人"。用现在的话说就是：自己不想要的不强加给别人，自己想要的也要让别人拥有。这样，人与人就会友爱，社会就会和谐，人类就会幸福。而支撑这一社会理想的核心思想是：人与人的平等性。

从近一个半世纪的中国近代历史进程看，由于受列强的侵略，我们民族怀疑甚至痛恨过我们的传统文化，认为那是我们落后挨打之源。所以，我们曾经把传统文化作为落水狗一般痛打。但从我们逐步摆脱"挨打"、"挨饿"之后"挨骂"的现实看，我们现在最缺失的就是传统文化中的"忠恕"二字。不"忠"就不"诚"，不"诚"就无"信"；不"恕"就不"容"，不"容"就无"爱"。当今社会的许多问题之源，正在于无"信"无"爱"。

中华根文化·中学生读本

智者之言

《老子》选读

主编　黄荣华

编选　王友　董鹏

复旦大学出版社

图书在版编目(CIP)数据

智者之言:《老子》选读/王友,董鹏编选. —上海:复旦大学出版社,2013.2
(中华根文化·中学生读本/黄荣华主编)
ISBN 978-7-309-09436-7

Ⅰ. 智… Ⅱ.①王…②董… Ⅲ.①道家②《道德经》-青年读物③《道德经》-少年读物
Ⅳ. B223.1-49

中国版本图书馆 CIP 数据核字(2012)第 316972 号

智者之言:《老子》选读
王 友 董 鹏 编选
责任编辑/关春巧

复旦大学出版社有限公司出版发行
上海市国权路 579 号   邮编:200433
网址:fupnet@ fudanpress.com   http://www.fudanpress.com
门市零售:86-21-65642857   团体订购:86-21-65118853
外埠邮购:86-21-65109143
常熟市华顺印刷有限公司

开本 890×1240   1/32   印张 5.375   字数 104 千
2013 年 2 月第 1 版第 1 次印刷
印数 1—4 100

ISBN 978-7-309-09436-7/B·455
定价:16.00 元

要化解民族前行过程中出现的种种问题与矛盾，当然要从政治、经济、科学、军事、艺术、伦理、道德等各个方面去思考，但在教育过程中，在生活的各个方面，敬重、理解、传承我们传统文化的精髓，应当成为我们思考的重要内容。当我们通过教育，通过生活方方面面形成的教化体系，能将我们传统文化的精髓与现代民族意识融为一体，内化为崭新的民族精神，并使其上升为民族得以昂然立身的中华现代文明，那我们民族就真正完成了由古代到现代的转型，我们的国家就成为一个崭新的现代民族国家，我们的人民就会成为"具有中国心的现代文明人"（当代著名教育家于漪老师语）。

有了这样的愿望，就总希望能为实现这样的愿望尽微薄之力。所以我们带着对中华传统文化的敬意，乐意尽自己最大的力量为中学生朋友推介中华传统文化。

同时，作为语文教师，我们还感到，要真正理解语言，掌握语言，就必须理解文化，特别要理解传统文化。

语言学研究表明：语言的理解与运用，归根结底是与某个社会群体的认知方式、道德规范、文化传承、价值标准、风俗习惯、审美情趣等特定的文化因素相关联的；语言运用得得体，既要遵循语法规则，更要遵循文化规则。由于汉语的组织特点是"文便是道"，"以意役法"，即意义控制形式，"意在笔（言）先"，所以文化规则在汉语的组织运用中更有着突出的意义。又由于汉语是由汉字联属而成，而汉字是世界上最古老的文字之一，更是世界几千年间唯一没有中断其历史的文字；每个走过几千年的汉字都有深厚的文化沉淀，可谓一个汉字就是一个广博精深的文化单元，就是一个意趣醇厚的审美单元(鲁迅先生曾在《汉文学史纲要·自文字至文章》中指出,汉字有"三美":"意美以感心","音美以感耳","形美以感目"),故此,要让孩子们准确地把握经典文本表达的意义,恰当地表述自己的观点,得体而有效地与人交际,就要引导他们了解、掌握语言背后蕴含的丰富的文化信息。

现在只有无知者才不会承认,中华文明体是一个坚实、深刻、厚重、博大的文化体系。这个文化体系已将自己的精神文化贯彻到了人们可见、可知甚至可感的世界的每一个角落,渗透在人们气血经脉、意识与潜意识之中,正所谓"致广大而尽精微"(《中庸》)。在这个"致广大而尽精微"的文化体系中,天、地、人的分工、边界及其协调与平衡,都有着清晰、真切、表情生动的表达;在这个体系中,中华民族已建立起了自己独一无二的生活方式——在天与地之间,堂堂正正地做人,做一个大写的人。由此,中华民族也就有着有别于一切民族的独特的文化——天地之间的人文化,而不是天界中的神文化,不是地界中的鬼文化。尽管我们的文化中不可避免地要涉及神鬼,但总体而言是"敬鬼神而远之"。由此,我们也就会真正明白,为什么诸子百家中的任何一家最终都将自己的精神内核指向了人,为什么我们几千年的文化主体选择了"儒"——人之需!如果不了解、不理解这样的文化,就不能真正读懂我们的文化原典,就不能真正听懂古今经典之作的汉语述说,就很难得体地用好已走过了几千年的民族语言。

基于上述两大理由,我们编著了这套《中华根文化·中学生读本》。

"根文化"就是"文化之根"。它表明这套读本关注的是中华文化最根本的部分。这又有两层意思：一是读本的内容选择上，关注代表根文化的内容；二是在注解、翻译、释义上，关注所选内容最本原的意义，基本不做现代阐释。

作为"中学生读本"，我们尽可能适合中学生的文化心理。每个选本均按主题组织若干单元，并写单元导语；用浅近的白话注解、翻译、释义，力求简洁明了。

《中华根文化·中学生读本》第一辑15种，主要选取先秦时期的文本，包括《兴于诗——〈诗经〉选读》、《立于礼——"三礼"(〈周礼〉〈仪礼〉〈礼记〉)选读》、《成于乐——〈乐记〉〈声无哀乐论〉选读》、《仁者之言——〈论语〉选读》、《义者之言——〈孟子〉选读》、《君子之言——〈荀子〉选读》、《智者之言——〈老子〉选读》、《达者之言——〈庄子〉选读》、《爱者之言——〈墨子〉选读》、《法者之言——〈韩非子〉选读》、《忠者之言——〈楚辞〉选读》、《谋者之言——〈孙子〉选读》、《"春秋"大义——〈春秋〉三传选读》、《"诸侯"美政——〈国语〉选读》、《"战国"争雄——〈战国策〉选读》。

由于我们的浅陋，尽管做出了很大努力，但牵强、错误之处一定不少，期待方家指正。

黄荣华

2012 年 2 月 10 日

前　言

　　世人对老子其人历来存有争议。一说，相传老子姓李，名耳，字伯阳，号老聃，春秋时期楚国苦县（今河南鹿邑东）厉乡人。对于老子，司马迁曾这样记载："老子修道德，其学以自隐无名为务"，"李耳无为自化，清静自正。"

　　老子是道家学派的创始人。《老子》（又名《道德经》）一书虽然仅有五千言，但老子以自然天道反观社会人道，揭示了清静无为的治政智慧，抱朴守真的修身智慧，知人自知的为人智慧，大智若愚的韬光智慧，与人为善的交际智慧，以柔克刚的竞争智慧，委曲求全的圆通智慧，无私无欲的人生智慧，无为而治的管理智慧，等等。《老子》宛如一部百科全书，它涵盖了宇宙万物，尽显人生百态，可以帮助我们开启智慧之门。

　　《老子》一书虽然仅有五千字，但《老子》的价值绝不仅仅在于其"综罗百代，广博精微"（纪晓岚），而更在于其启迪人生的哲学智慧，历久弥新的生命活力。魏源说，"《老子》，救世之书也"；

胡适说，"老子是中国哲学的鼻祖，是中国哲学史上第一位真正的哲学家"；张岱年认为"其理论之湛深，思想之缜密，实超过了儒墨两家"；鲁迅更是直言"不读道德经，不懂中国文化，不知人生真谛"。不仅如此，国外哲人学者也对《老子》赞誉有加。德国哲学家尼采把《道德经》看作"一个永不枯竭的井泉，满载宝藏，放下汲桶，唾手可得"。诺贝尔物理学奖获得者、日本物理学家汤川秀树认为："老子似乎用惊人的洞察力看透个体的人和整个人类的最终命运。"可见《老子》在人们心目中的地位之高和其学说影响之大。然而，《老子》虽然论述了"道"，谈到了治国的思想，讲解了修身的主张，但它不是权谋之书，不是兵家之书，不是练功之书，更不是宗教之书。《老子》是智者之言。

"道"是《老子》中非常重要的哲学概念。它是矛盾的混合体，是复杂的宇宙观，是天地运行的规律，是万物存在的法则，是老子思想的核心。庄子曾言："夫道，有情，有信，无为，无形，可传而不可受，可得而不可见。"（《庄子·大宗师》）那么，究竟什么是"道"？怎样认识"道"？如何把握"道"？本书在第一单元分别从道本无名、道隐无形、道空不盈、道法自然、道生万物、道无穷尽等六个不同的角度，阐释"道"的实质内涵与外在表现。

"道"可以治国。老子主张治政"自然无为"，关心百姓的安宁幸福，希冀政治权力不干涉人们的正常生活，力避因战争给人民造成灾祸，期望能够消解人类社会的纷争烦扰，追求"贵言"、"守中"的智慧。那么，今天我们读老子的"治国之道"能够获取怎样的启迪呢？本书在第二单元分别从无为之道、袭明之道、贵言之道、守中之道、安民之道、论兵之道等六个不同的角度，阐释了老子在治国论兵方面的具体主张。

"道"可以修身。老子主张"致虚守静"，强调主体自身的内在修养。为道者只有纯洁心灵，知雄守雌，方能真正进入空明澄澈的境界；只有拥有知人之智，自知之明，胜人之力，自胜之强，方能恬淡安宁，远离祸患；只有做到无私无欲，清静无为，知足不辱，知止不殆，才算真正领悟到修身养性的要诀真谛。那么，老子的修身之道对我们今天的学习、生活和工作有怎样的启迪呢？本书在第三单元分别从不争之道、静虚之道、贵身之道、俭啬之道、知守之道、养生之道等六个不同的角度，阐释了老子在修身养生方面的具体主张。

当然，"尽信书则不如无书！"读任何一本书都要有独立的思想见地，都要站立起来读，而不应该跪着读。读《老子》，我们能够脱口说出什么是"道"吗？真正明晰了老子的辩证说理艺术吗？对老子的主张又有什么不同的见解？这都需要我们在阅读过程中予以思考。所以，本书在第四单元分别从推理论道、愚民复古、绝圣弃智、周行转化、贵柔尚弱、玄妙虚无等六个不同的角度，试图引导读者对老子之"道"进行思辨。

老子的智慧博大精深，《老子》一书微言大义，对《老子》的解读历来众说纷纭。因而，今天我们编著《智者之言〈老子〉选读》一书，虽然作了很大的努力，但由于文化底蕴不深，认识水平有限，书中难免有诸多不尽如人意之处，敬请读者见谅，也期待方家批评指正。

王　友

2012年10月

contents 目录

道之为道

　　"道"是一个非常重要的哲学概念，是矛盾的混合体，是复杂的宇宙观，是天地运行的规律，是万物存在的法则，是老子思想的核心。庄子曾言："夫道，有情，有信，无为，无形，可传而不可受，可得而不可见。"(《庄子·大宗师》)那么，究竟什么是"道"？怎样认识"道"？如何把握"道"？

　　本单元从《老子》一书中选取 11 章，分别从道本无名、道隐无形、道空不盈、道法自然、道生万物、道无穷尽等六个不同的角度阐释了"道"的实质内涵与外在表现。

第一节　道本无名

【原文】

道可道，非常道①；名可名，非常名②。

无，名天地之始③；有，名万物之母④。

故常无，欲以观其妙⑤；常有，欲以观其徼⑥。

此两者，同出而异名，同谓之"玄"⑦。玄之又玄，众妙之门⑧。

——《老子》第一章

注解

①第一个"道"是名词，指老子哲学中"道"这个概念的内涵。第二个"道"是动词，指言说、表述。常：永恒。常道：指永恒

不变的宇宙本原和实质。　②第一个"名"是指具体事物的名称。可名：可以命名，用文字表达。常名：指浑然一体、永恒存在的"道"的名字。　③无：没有形体，这里指看不见摸不着的"道"。始：开端，根源。　④有：有形体，这里引申为能够看得见感受得到的天地自然。母：开始，源头。⑤常："通"尚"，崇尚。妙：奥妙。　⑥微（jiào）：边际。　⑦玄：晦暗，幽深，有深远看不透的意思。　⑧第一个"之"是连词，相当于"而"，表递进关系。众妙之门，指天下万物一切奥妙变化的总门户。

【今译】

可以用语言表达的道，就不是永恒不变的"道"；可以用文字表达的名，就不是永恒存在的道的名称。"无"是天地之间的根本源头，"有"是世间万物的根本存在。所以，我们可以在对"无"的崇尚中，去体悟"道"的微细和奥妙；在对"有"的崇尚中，去体察"道"的存在边际。"有"和"无"，这两个东西，不过是来自同一源头的事物的不同名称，它们都相当幽深而玄妙，从幽深走向更幽深，从玄妙迈向更玄妙，这就是天地万物一切奥妙变化的总门户。

【释义】

老子开篇立说，在第一章就提出了他思想的核心——"道"。

那么，"道"究竟是什么呢？老子认为道既是宇宙的本源，也是万物的运动变化规律，即人们常说的道理；既是万物的主宰，也是通向真理之路，即认识真理的门径。"道"的运动变化性决定了它无法用具体的语言准确地表述出来。所以，老子开篇即言："道可道，非常道；名可名，非常名。"

"道"的内涵博大精深，可以从历史角度来认识，也可以从文学层面去理解；可以从美学原理去探求，也可以从辩证哲学去思维……正是因为"道"的这种普适性映射、抽象性存在、动态性变化和多义性呈现的特征，老子称其"道"为"玄妙之道"。

"道"的玄妙，体现在它的多元性存在。有人认为它是一种物质性的东西，是构成宇宙万物的元素，有人认为它是一种精神性的东西，同时也是产生宇宙万物的源泉。其实，这或多或少都偏离了老子原本意义上的"道"。

"道"的外在表现和内在实质都难以用语言表述，"道"的变化又显得玄妙而神奇，时而幽冥精深，时而隐微难明。所以老子说"玄之又玄，众妙之门"。总之，"道"产生了天地万物，但它又不可以用语言来说明，是非常深邃奥妙的"玄妙之道"。

【原文】

"道"常①无名，朴②。虽小，天下莫能臣③。侯王若能守之，万物将自宾④。

天地相合，以降甘露，民莫之令⑤而自均⑥。

始制⑦有名，名亦既有，夫亦将知止⑧，知止可以不殆⑨。

譬"道"之在天下，犹川谷⑩之于江海。

——《老子》第三十二章

【今译】

"道"原来是"无名"的，如同木材尚未雕琢，处于质朴的状态。虽然它小到看不见，但天下没有人能够使它臣服。王侯若能守住它，万物就会自动来归顺。天地间阴阳之气相合，就会降下甘露，人们无须发号施令，它就自然均匀。

万物兴起就会产生各种名称，名称已经有了，就要知道适可而止，知道适可而止，就不会有危险。

譬如"道"存在于天下，就好比河川流向江海一样。

"道"常无名，朴。虽小，天下莫能臣。侯王若能守之，万物将自宾。

【释义】

这一章在谈论"道"时，上承第一章"道可道，非常道；名可名，非常名"，直言"道常无名"。

"道"是一种抽象的规律，它看不见，摸不着，我们不知道给它一个什么名称来表述和定义。它就像没有加工的木头，显得如此朴素和原生态。因为尚未雕琢的木头可以做成各种器具，但是做成器具后就再也难以返"朴"了。天地若能遵循道的规律，那么，它们就会相互交融，降下适宜的雨露。民众若能遵循道的规律，也用不着法令之类，而会自动达到一种均衡。各类法律制度就如同自然之道，是用来规范人类行为的，也像百川归大海一样，行动上能寻找到一个正确方向。

"道常无名"也表达了老子治国思想的"无为之道"。老子认为侯王若能依照"道"的法则顺其自然而治理天下，那样，百姓们将会自动地服从于他。老子用"朴"来形容"道"的"无名"的状态，这种原始质朴的"道"向下落实便使万物兴起，于是各种名称就产生了。因此，立制度、定名分、设官职，不可过分，都要适可而止，这样才不会纷扰多事。

我们不仅要知道其中的"道"，更要学会守"道"。守"道"不能停留在名称层面上，而要用心灵去感知。只有遵循"道"来做人、做事，才能够安宁长久，达到均衡相处、和谐自乐的境界。

第二节　道隐无形

【原文】

视之不见，名曰夷^①；听之不闻，名曰希^②；搏之不得，名曰"微"^③。此三者不可致诘^④，故混而为一^⑤。其上不曒，其下不昧^⑥，绳绳兮^⑦不可名，复归于无物。是谓无状之状，无物之象，是谓惚恍^⑧。迎之不见其首，随之不见其后。

执古之道，以御今之有^⑨。能知古始，是谓道纪^⑩。

——《老子》第十四章

注 解

①夷：无形。　②希：没有声音。　③搏：拍打，拍击。微：没有形体。　④致诘：推问，追究。致：推。诘：追问，究问。⑤故：本来。混：浑然，表明合而未分。一：这里指"道"。⑥不曒（jiǎo）：昏昧不明。曒：清晰，光明。昧：阴暗。⑦绳绳兮：绵绵不息的样子。　⑧无物：无形状的物，即道。惚恍：若有若无，闪烁不定。　⑨有：在这里指具体事物。该句指把握早已存在的"道"，来驾驭现实存在的具体事物。　⑩古始：宇宙的原始，或道的初始。道纪：道的纲纪，即道的规律。

【今译】

"道"这个东西看它，看不见，我们称它为"夷"；听它，听不到，我们把它叫做"希"；摸它，摸不到，我们把它叫做"微"。这三者的形状没有办法加以追究，因为它们原本就浑然为一。这个所谓"一"，其实就是"道"，它的上面既不显得光明亮堂；它的下面也不显得阴暗晦涩，无头无绪，延绵不绝，虽然实际存在，却没有办法对它进行名状描摹，一切运动都又回复到无形无象的状态。这就是没有形状的形状，不见物体的形象，这就叫做"惚恍"。迎着它，看不见它的前头，跟着它，也看不见它的后头。把握着早已存在的"道"，来驾驭现实存在的具体事物。能认识、了解宇宙的初始，这就叫做认识"道"的规律。

【释义】

在这一章，老子分别从视觉、听觉、触觉对"道"的形状、声音、体貌进行了描述。

人们感知世界的主要手段就是用眼睛去看、用耳朵去听、用手去触摸。但是，"道"却是视之不见、听之不闻、搏之不得的，即不可见、不可闻、不可触。用最具感性的视觉、听觉、触觉都无法把握这"道"，可见，它超越了感性认知。

那么，这"道"就无法把握了吗？从整体上去了解，与其他外物相比较呢？"其上不曒，其下不昧"，既没头没尾，连绵不绝，又不可名状，难以言说。无论从时间角度还是从空间角度都难以把握"道"，所以，它又超越了时空。

不仅如此，老子在各篇章中对"道"之体的描述都闪烁其词，给人的感觉只能是恍恍惚惚、似有若无、不可名状。因此，"道"又超越了具体的物相。

但是，"道"所体现的规律古已有之，它不仅仅属于过去时的纯粹"历史"，也不仅仅属于抽象的理论领域，而是古今相通、一以贯之、对当下生活有着强烈现实指导意义的规律。所以老子认为"执古之道，以御今之有"就能够认识宇宙万物的起始。如果一定要给"道"之形一个定论，那只能用"道隐无形"来概括了。

【原文】

上士闻道，勤①而行之；中士闻道，若存若亡②；下士闻道，大笑③之。不笑不足以为道。故建言④有之：

明道若昧，进道若退，夷道若颣⑤。

上德若谷，广德若不足，建德若偷，质真若渝⑥。

大方无隅⑦，大器晚成。大音希声，大象无形，"道"隐无名⑧。

夫唯道，善贷且成⑨。

——《老子》第四十一章

注 解

①勤：积极努力。　②若存若亡：有时保留有时遗忘，这里可以理解为半信半疑。亡：通"忘"。　③大笑：嘲笑。　④建言：立言，设言。　⑤昧：不明。夷：平坦。颣（lèi）：崎岖不平，坎坷曲折。　⑥谷：溪谷，喻指卑下。偷：怠惰的样子。渝：变污。　⑦隅：角落。　⑧希：同"稀"，少。隐：幽隐不可见。　⑨贷：施与，给予，这里有帮助、辅助之意。这句话的意思是道使万物善始善终，而万物自始至终也离不开道。

【今译】

上等的士人听了"道"，就努力去实践；中等士人听了"道"，则半信半疑；下等的士人听了"道"，却大加嘲笑。不被嘲笑就算不上真正的"道"。所以，自古以来就有这样的话：

明显的"道"好似暗昧，前进的"道"好似后退，平坦的"道"好似崎岖。

崇高的"德"好像凹下的山谷的样子，广大的"德"好像不足的样子，刚健的"德"好像懈怠的样子，质朴纯真的"德"好像污浊的样子。最方正反而没有棱角，最贵重的器物很迟才得以完成。最大的声音反而令人听不到，最大的形象反而使人看不见。"道"幽隐而没有名称。

只有"道"才善于付出而成就万物。

【释义】

老子认为"道隐无形",并且只有隐于无的"道"才能善辅万物。

老子在本章中列举了一系列构成矛盾的事物双方,从矛盾的观点说明相反相成是事物发展变化的规律,从而表明现象与本质的矛盾统一关系。它们彼此相异、互相对立,又互相依存,彼此具有统一性。

魏源在《老子本义》中曾经将本章提及的"明道若昧"等句分为三个部分:"明道三句,言其体道也;上德五句,言其成德也;大方四句,又广喻以赞之。"因为"道"既不得见,又不得知,所以悟性高的人对"道"深信不疑,一般的人则是将信将疑,而悟性低的人却完全不相信,并且认为大道太过于荒诞而大笑。殊不知,正是因为这种常人难以理解,并且与实物相反对立、隐藏于无的"道"才真正善于付出并且成就万物。

老子以其博大的胸怀,探讨着人生的极限,从最朴素的角度提炼着人生的真谛。"道"与常态事物相反对立,但万事万物又无不依赖于"道"。所以老子说"不笑不足以为道"、"道隐无名"、"夫唯道,善贷且成"。

第三节　道空不盈

【原文】

道冲而用之或不盈①。渊兮似万物之宗②，湛③兮似或存④。吾不知谁之子，象⑤帝之先。

——《老子》第四章

注解

①冲：本为"盅"，这里引申为空虚。盈：充盈，充实。　②渊：深渊，这里引申为深远。宗：祖宗、祖先，这里指事物的源头。③湛：沉没，引申为隐约。　④似或存：似乎存在。和前文的"湛兮"合起来，形容"道"似有若无的存在状态。　⑤象：似乎。

【今译】

大道是空虚的，然而使用起来却无穷无尽。深不可测啊，就好像是万物的宗主。隐约冥暗啊，就好像没有却又实际存在。我不知道"道"究竟是谁的后代，它似乎是天帝的祖先。

【释义】

在这一章中老子阐述了"道空不盈"的思想。张松如称之为这是对道的一种"写状"，在这之后老子还会"一续再续，反来复去续下去"（《老子说解》）。

我们已经知道"道"既本无名又隐无形，所以，老子在论述"道"的内涵时用"道冲不盈"来形容。老子把"道"喻为一只内部虚空的"盅"，用来暗示"道"的神秘性、不可触摸性和无限性，非常直观而又形象，既具有丰富的想象力，又具有高度概括性和抽象性。老子这种不拘常规的描述方式，是后来庄子汪洋恣肆、自由放达思想和形象生动、趣味无穷表述的源头。按老子的理解，"道"在形体上是虚空的，无形无象，人们看不见、摸不着。要认识"道"，就只能凭借意识去感知。虽然"道"像"盅"一样，在形体上是虚空的，但虚空并不等于不存在，它并非一无所有，而是蕴含在世界万物之中，甚至物质世界的创造性源头也是基于"道"而出现的。

老子此处所说的"道冲不盈"是进一步强化"道"虚不见形的特点。但对这句话要有正确的理解，这里的"冲"和"不盈"，绝不是空无所有。从"横"的角度谈，"道冲"中所蕴含的是无限博大，用之不尽；从"纵"的角度谈，"道冲"又意味着无限深远，无以追溯其来历，它好像是自然万物的祖宗。因此，"道"是宇宙至高无上的主宰。

道冲而用之或不盈。渊兮似万物之宗，湛兮
似或存。

【原文】

三十辐共一毂①，当其无，有车之用②。埏埴以为器③，当其无，有器之用。凿户牖以为室④，当其无，有室之用。故有之以为利，无之以为用⑤。

——《老子》第十一章

注解

①辐：辐条，指车轮中连接轴心和轮圈的直木条，古时的车轮由三十根辐条所构成。毂（gǔ）：车轮中心的木制圆圈，中有圆孔，即插轴的地方。　②无：指毂的中间虚空的地方。这句话的意思是，有了车毂中间虚空的地方，才有空间来插辐条，车轮才能滚动，这样，车才能发挥它的作用。　③埏（shān）：指和（huó），即揉和、搅拌。埴（zhí）：粘土。这句话的意思是，揉和陶土做成供人饮食使用的器皿。　④凿：打孔，打洞。户：门。牖（yǒu）：窗。　⑤为利：给人便利。为用：产生功效，发挥作用。

【今译】

三十根辐条汇集到一个毂的孔洞当中，有了车毂当中的虚空地方，这才有了车的作用。揉和陶土，把它做成器皿，有了中间虚空的地方，才有器皿的用处。开凿门窗建造房屋，有了门窗的虚空部分，房屋才能有切实的使用价值。所以，实有能给人便利，空无可以发挥它的作用。

【释义】

在这里，老子对"道空不盈"的思想进行了进一步阐释，论述了"有"与"无"即实在之物与空虚部分之间的相互依存关系。

在现实社会生活中，"有"和"无"是一对对立的概念。一般人对"有"加以肯定，注意到实有的东西及其作用，并且会不自觉地追求"有"。而对虚空的东西，即"无"，则往往加以否定，完全忽略了两者之间的辩证关系。

其实，在老子的哲学思想体系中，"有"和"无"并非是单纯的对立关系，而是一种相互依存的"有无相生"的关系。他举例说明"有"和"无"是相互依存的、相互为用的；无形的东西能产生很大的作用，只是不容易被一般人所觉察。他特别把"无"的作用向人们显现出来。众所周知，车子的作用在于载人运货；器皿的作用在于盛装物品；房屋的作用在于供人居住，这是车、皿、室给人的便利。车子是由辐和毂等部件构成的，这些部件是"有"，毂中空虚的部分是"无"，没有"无"车子就无法行驶，当然也就无法载人运货，其"有"的作用也就发挥不出来了。器皿没有空虚的部分，即没有"无"，就不能起到装盛东西的作用，其外壁的"有"也就无法发挥作用。房屋同样如此，如果没有四壁门窗之中空的地方可以出入、采光、流通空气，人就无法居住，可见是房屋中空的地方发挥了作用。

第四节　道法自然

【原文】

有物混成^①，先天地生。寂兮寥兮^②，独立^③而不改，周行而不殆^④，可以为天地母^⑤。吾不知其名，强字之曰"道"^⑥，强为之名曰"大"^⑦。大曰逝，逝曰远，远曰反^⑧。

故"道"大，天大，地大，人亦大。域中^⑨有四大，而人居其一焉。

人法地，地法天，天法"道"，"道"法自然^⑩。

——《老子》第二十五章

注解

①混成：混然而成，浑然一体，指浑朴的状态。　②寂：没有声音。寥：没有形体。　③独立：独立存在。　④周行：循环运行。殆：同"怠"，倦怠，停歇。　⑤天地母：天地万物的本原。母：指"道"。按老子的观点，天地万物都是由"道"而产生的，故称"道"为"母"。　⑥强：勉强。字：命名。　⑦大：形容"道"是无边无际的、力量无穷的。⑧逝："道"运行周流不息、永不停止的状态。远：无边无际，弥漫远道。反：通"返"，返归，这里有返回原状、循环往复之意。　⑨域中：宇宙，世间。　⑩法：效法，学习。自然：自然如此，自然而然。

【今译】

有一个东西，混然而成，在天地形成以前就已经存在。听不到它的声音，也看不见它的形体，寂静而空虚，不依靠任何外力而独立长存永不停息，循环运行而永不衰竭，可以作为万物的根源。我不知道它的名字，勉强把它叫做"道"，再勉强给它起个名字叫做"大"。它广大无边而运行不息，运行不息而伸展遥远，伸展遥远而又返回本原。

所以说道大，天大，地大，人也大。宇宙间有四大，而人居其中之一。

人效法地，地效法天，天效法"道"，而"道"效法自然。

【释义】

这一章，老子着重阐述了"道法自然"的特点。

"道"广大无边，先天地万物而存在，潇洒独立，运行不息；"道"本身无形无体，但它又是一个圆满自足的和谐体，它不依赖于外界任何东西，所以老子称之为"独立而不改"。老子认为"人法地，地法天，天法'道'，'道'法自然"，"道"、"人"、"天"、"地"这四个存在构成一种梯队的递进关系，而"道"处在第一位。"道法自然"阐述了"道"是从自然中生成，它须效法自然并顺应自然的内在规律。

道家思想主张人与自然关系的和谐，追求个人的生活方式、思想、道德和行为准则与道、自然、天地相契合的最高境界。这就如同"有物混成"般能够达到与"道"之间的圆满和谐。"合道"的生存方式，是"人法地，地法天，天法'道'，'道'法自然"。这也就是说，人应该自然遵循自身生存的内部小宇宙和外界大宇宙运行的自然规律，全方位整体性地遵循事物发展的基本规律，在瞬息万变中顺应社会客观形势的发展，不因循守旧，不主观臆断，不人为执拗，而是"道法自然"，与时俱进，顺应社会发展的基本潮流，不断推陈出新，迈步向前。

　　"道法自然"给我们在为人处世方面予以启发，那就是诸事要取法自然，顺其自然，自然而然。

第五节　道生万物

【原文】

　　"道"生一①，一生二②，二生三③，三生万物。万物负阴而抱阳④，冲气以为和⑤。

——《老子》第四十二章

①一：即太一，太极，是阴阳未分的统一体。 ②二：指阴、阳二气。 ③三：即由阴阳二气交合而形成的一种和谐状态。 ④负：背。阴：阴气。抱：在前面，在胸前。 ⑤冲：冲突，交融。这句话的意思是阴阳二气互相冲突交和而形成均匀和谐的状态。

【今译】

道是独一无二的，道本身产生阴阳二气，阴阳二气相交而形成一种和谐的状态，在这种状态中就产生了万物。万物背阴而向阳，并且在阴阳二气的互相激荡下形成新的和谐体。

【释义】

在这一章中，老子阐述了"道生万物"的特点。

在这里，老子向我们描述了"道"创生万物的过程。宇宙万物的总根源是"混而为一"的"道"。对于千姿百态的万物而言，"道"是独一无二的。"'道'生一，一生二，二生三，三生万物"，这句话妇孺皆知。其中，"一"、"二"、"三"这几个数字，并不表明具体的事物和具体的数量。它们只是表示"道"生万物从少到多、从简单到复杂的一个过程，也就是"冲气以为和"。这个过程是这样的："'道'生一"，无中生有，"一"就是"有"。这个"有"不是具体的事物，"有"是外物的本质和普遍的功能。"有"生万物的过程，才是"一生二"。"二"是什么？道家普遍认为：阴阳两气和合而具形体，到"二"这里万物已成。为什么还会出现一个"三"来呢？老子说："万物负阴而抱阳，冲气以为和。"这个过程是阴阳异体交合而产生新个体，也就是"二生三"。这个新个体经阴阳两极而具形体，形体成后，又经历阴阳异体交合而产生新个体，如此生生不息，万物得以繁衍。这个过程就是"三生万物"。

仔细品读老子这段话，我们可以感受到其中包含着的丰富而又精深的意蕴，比如：

其一，说明了天下万物的由来，即万物是由"道"演变而来的。

其二，说明了万物不论如何演化，其中都存有最原始、最根本的"道"。

其三，说明同时存在多个宇宙以及多个世界。我们能观察到的只是我们凡胎肉眼和有限的科技所能及之处。真正的、真实的世界可能远比我们想象的还要无限广袤。但是，无论在哪里都有"道"，此所谓"万物皆由道生"。

【原文】

道生之①，德畜②之，物形之，势③成之。是以万物莫不尊道而贵德。

道之尊，德之贵，夫莫之命④而常自然。

故道生之，德畜之，长之育之，亭之毒之⑤，养之覆之⑥。生而不有⑦，为而不恃⑧，长而不宰⑨，是谓"玄德"⑩。

——《老子》第五十一章

注解

①之：这里代指万物。　②畜：畜养，养育。　③势：势力，这里可以理解为万物生长的环境。　④莫之命："莫命之"的倒装。之：在这里代指万物。　⑤亭之毒之：即"成之实之"，使万物结果成熟。　⑥养：护养，爱养。覆：维护，保护。　⑦有：占有，据有。　⑧恃：依仗。　⑨长：生长，养成。宰：主宰。　⑩玄德：上德，深妙的德性。

【今译】

"道"生成万物，"德"养育万物，万物呈现出各种各样的形态，环境使万物成长起来。所以，万物没有不尊崇"道"而珍视"德"的。

"道"之所以被尊崇，"德"之所以被珍视，就是没有人对它加以干涉，而让它永远顺应自然。

因而，"道"生长万物，"德"养育万物，使万物生长、发展、成熟结果，使其受到抚养、保护。生长万物而不据为己有，抚育万物而不自恃己功，养成万物而不加以主宰，这就叫玄妙的"德"。

【释义】

在这一章中，老子再次向我们阐明"道"以"无为"的方式养育万物，成就万物，覆盖万物。但是，"道"又不自以为对万物有功，它不占有万物。这种品德，老子称之为深远而又看不见的"玄德"。

老子认为，"道"生长万物，"德"养育万物，"德"是"道"的化身，是"道"在人世间具体发挥作用的体现。万物成长的过程可以归纳为以下四步：一、万物由"道"产生；二、"道"生万物之后，分化为"德"，成为万物各自的本性；三、万物依据各自的本性而发展个别独特的存在；四、周围环境的培养，使各物生长成熟。

道德就好比父母。一个人对父母一定要孝顺，所以，万物对道德一定要尊崇。人世间父母的爱最伟大、最无私，父母养育子女，并不以占有为目的，而是要让子女逐渐成长，走向社会，在社会中成才、成功。因此，父母的爱是最合"道"的。"道"的伟大之处不仅仅在于它的创造性，还在于它的无目的性、无意志性。"道"生长养育万物却不是为了万物的回报，它体现于"德"育万物，养万物，爱万物，护万物。

"道"和"德"让万物成长而不指使万物，不向万物发号施令，而是让万物按照自己本来的属性自然而然地、自由地成长化育。这对时下的教育工作者、管理工作者等多多少少都能够带来一些启发和反思。

第六节　道无穷尽

【原文】

大道氾①兮，其可左右②。万物恃③之以生而不辞④，功成而不有⑤。衣养⑥万物而不为主⑦，可名⑧于小⑨；万物归⑩焉而不为主，可名为大。以其终不自为大，故能成其大。

——《老子》第三十四章

注解

①氾：同"泛"，原指水四处漫流、泛滥，这里是广大、普遍的意思。
②左右：或左或右，指到处、处处都是。　③恃：依靠。
④辞：言词，称说。"不辞"的意思是不说三道四、不推辞、不辞让。
⑤有：据为己有。　⑥衣养：保护，抚育。　⑦为主：做主人，占有，主宰。　⑧名：动词，称呼。　⑨小：渺小。与下文的"大"对举。　⑩归：依靠，归附。

【今译】

大道广泛流行，无所不在。万物依靠它生存，而它从不推辞，有所成就而不自以为有功。养育万物而不自以为主宰，可以称它为"渺小";万物归附它,而它不自以为主宰,可以称它为"伟大"。正因为它始终不自以为伟大,所以才能成就它的伟大。

【释义】

这一章,老子向我们说明了"道无穷尽"的理想。"道"是广泛流行、无所不在的,有了"道"才有万物。

"大道氾兮"说明了"道"的作用。老子认为,"道"生长万物,养育万物,使万物各得所需,而"道"却又不主宰万物,完全任其自然发展。"道"可以名为"小",也可名为"大",这里老子虽然没有明确提到人,但实际上他是在期望人们应该像"道"那样质朴、自然。

"大道氾兮"是说大道如水泛滥一般流向各处。今天,我们习惯于反对泛滥,控制泛滥。而老子却认为泛滥并不是坏事。泛滥,就是自然,就是水因势而流,因势而均匀润泽大地,不用人们人为地去导引堵漏。相信自然的、自在的就是合理的、精彩的,这是老子的理想。

老子提到的"不辞"、"不有"、"不为主"的精神,今天如能推衍至社会,就会变成一种"谦道",可以消解人们过强的占有欲、支配欲,从"衣养万物"中,深切感受到爱与温暖的氛围。具体到个人修身,则有助于促成谦虚谨慎、努力向上的精神氛围。别林斯基有句话值得回味:一切真正的和伟大的东西,都是纯朴而谦逊的。

【原文】

执大象^①，天下往。往而不害，安平太^②。

乐与饵^③，过客止^④，"道"之出口，淡乎其无味，视之不足见，听之不足闻，用之不足既^⑤。

——《老子》第三十五章

注解

①执：掌握。大象：指"道"。　②安：乃，则。太：同"泰"，平和，安宁。　③乐：音乐。饵：美食。　④止：止步。　⑤既：尽。

【今译】

谁如能掌握"大道"，天下的人将都来投靠。投靠而不互相妨害，于是大家平和安泰。

音乐和美食，会使过往的行人停下来。但"道"如要说出口，却是淡而无味的，看它看不见，听它又听不见，用它也用不完。

【释义】

在这一章中，老子继续阐述了"道"的作用和影响。

老子认为，"道"的作用和影响不可低估，它可以使天下的人们都向它投靠而不相妨害，过上和平安宁的生活。在《老子》一书中，"道"多次被论及，但从来没有重复，而是层层深入、逐渐展开，使人切实感受到"道"的伟大力量。

得道多助，顺应了大道，你就赢得了人心。人类最大的精神特点就是寻根意识，或者说叫终极关怀。所以只要见到了可靠的归宿，人们自然会义无反顾地前往投靠。但却很少有人能够真正明白：掌握了道之大象，天下的人就会归往。道之大象不是做出来的，它极其平淡。平淡的东西，平淡的道理，都是无穷无尽、用之不竭的，不仅管用而且经用，还能经得住考验。

统治者如果以音乐、美食以及名与利为诱饵感召天下人，最终难保忠诚。因为投奔者图的是极其现实的物欲，一旦人多利少，纷争就开始了。如果以道之大象感召天下人，那就完全不同了。大道是顺其自然的，是看不见、摸不着、听不到、说不出的。所以，人们无法去执著，无法去争夺，无法去占有。道的能量是无穷无尽、用之不竭的，它能够让天下百姓受益无穷，所以掌握了"大道"就会使国家稳定而长治久安！这也就是"执大象，天下往。往而不害，安平太"。

治国之道

"道"可以治国。

老子主张治政"自然无为",关心百姓的安宁幸福,希冀政治权力不干涉人们的正常生活,力避战争因素给人民造成灾祸,期望能够消解人类社会的纷争烦扰,追求"贵言"、"守中"的智慧。

本单元共从《老子》一书中选取 18 章,分别从无为之道、袭明之道、贵言之道、守中之道、安民之道、论兵之道等六个不同的角度阐释老子在治国论兵方面的具体主张。

第一节　无为之道

【原文】

天下皆知美之为美，斯①恶已②；皆知善之为善，斯不善已。

有无相生，难易相成，长短相形③，高下相盈④，音声⑤相和，前后相随，恒也。

是以圣人⑥处无为之事⑦，行不言⑧之教；万物作而弗始，生而弗有，为而弗恃，功成而弗居⑨。夫唯弗居，是以不去⑩。

——《老子》第二章

注 解

①斯：则，就。 ②已：通"矣"，相当于"了"。 ③相生：彼此生成。相成：彼此成全，与"相生"义同。形：比较，显现。 ④盈：充实，补充，依存。 ⑤音：合奏发出的乐音。声：单一发出的音响。 ⑥圣人：古人所推崇的最高层次的典范人物，此处指符合道家治政原则的统治者。 ⑦无为：顺应自然，不做那些虚妄无益的事。事：政事。 ⑧不言：不按个人的主观意志去制定政策，发号施令。 ⑨弗始：任其自然而不干涉倡导。弗：不。弗有：不占有。弗恃：不依仗自己的功劳而端起架子。弗居：不抢占功劳。 ⑩去：失去。

【今译】

天下人都知道美之所以为美，也就显露出丑了；天下人都知道善之所以为善，也就不善了。有和无相互生成，难和易相互成全，长和短相互显现，高和下相互依存，音与声相互应和，前和后相互接随，对立面的相互依存是永恒的。

因此圣人治国为政是用无为的观点对待世事，用不言的方式施行教化；这样，听任万物自然兴起而不加干涉倡导，万物生长而不据为己有，抚育万物却不依仗自己的功劳而端起架子，功成业就而不居功夸耀。正因为他不自我夸耀，所以他的功绩不会泯灭。

【释义】

这一章，老子向我们阐释了治政方略中的"无为之道"。

确如老子所言，当世上众人皆知一件事是好事时，这"好事"也就不是件好事了。因为，好与坏是相对而又变化的，好事可以转化为坏事。正因为如此，老子告诫为政者不可有意倡导某事某物，有意倡导某事某物而使天下皆知的结果只能导致"楚王好细腰，臣妾多饿死"。所以，老子倡导的"无为之道"，首先在于统治者行"不言之教"。

"不言之教"指的是治理国家的人少发号令和政令。老子通过列举日常生活中的六个相对的现象，即有无、难易、长短、高下、音声、前后，告诉我们世间万物的存在，都是相互依存、相互联系和相互作用的。更重要的是相互对立的东西是可以相互转化的，美可以变丑，善可以变恶，这些对立的双方都会随着人们的心态、时间、环境的变化而变化。

因为按照相对性规律，为政者一旦倡导规定某事某物，也就意味着否定它们。所以，为政者就必须少发号令和政令，即"行不言之教"，不必有意倡导，不必刻意强调，使得世间万物以其自身的面貌去发展，以其自身的规律去运行，这样社会才能安定，治政才算成功，圣人的作用才能够得以彰显。

"无为之道"充分体现了老子辩证思考的哲学思想。朴素的辩证法，是老子哲学中非常有价值的部分。

【原文】

道常无为而无不为①。侯王若能守之②，万物将自化③。化而欲作④，吾将镇之以无名之朴⑤。镇之以无名之朴，夫将不欲⑥。不欲以静，天下将自定⑦。

——《老子》第三十七章

注 解

①无为：顺其自然，不妄为。无不为：没有一件事是它所不能做的，是"无为"产生的效果。 ②守之：守道。 ③自化：自己成长变化，指自然而然地达到和谐安定的状态。 ④欲：贪欲，私欲。作：出现，兴起。 ⑤无名之朴：道的质朴。"无名"在这里代指"道"。朴：质朴。 ⑥欲：欲望。 ⑦自定：自然安定，一作"自正"。

【今译】

道永远是顺其自然而无所作为的，却又没有什么事情是它所不能做的。侯王如果能按照"道"的原则为政治民，万事万物就会自己成长变化。如果自生自长而产生贪欲时，我就要用"道"的质朴来镇服它。用"道"的质朴来镇服它，就不会产生贪欲之心了。万事万物没有贪欲，心性就能平静，天下也将自然达到安定。

【释义】

在这一章中，老子继续阐释"无为之道"，提出了"无为而无不为"的原则。

"无为而无不为"意思是说"道"这种东西总能顺其自然而无所作为，所以没有什么事情是它所不能做的。老子的高明之处是把"道"的这种特性和原则进一步落实到他理想的社会和政治之中。

老子从"道"出发，对"无为"和"无不为"之间的本质内涵及彼此之间的内在关系作了具体阐发。"无为"和"无不为"看起来是矛盾的，其实并不矛盾。因为"无为"并不是不作为，而是不妄为、不乱作为，也就是不按照个人的意愿和个人的心计去做，而是按照自然的法则来做。"无不为"是指无所不为，无所不能。"道"是无为的，正因为无为，所以什么东西都"为"了。这也就是说，凡事只要不恣意妄为，都可以成功。可见有了"无为"这个必备前提，才可能出现"无不为"的必然结果。

在此基础上，老子还进一步将"无为而无不为"的思想引入到人类社会，谈"道"的法则在人类社会中的运用。老子提出"侯王若能守之"，即在社会政治方面，执政者只要按照"无为而无不为"的法则来实行，就能使天地万物自我化育、自生自长。

其实，"无为"的内涵极为丰富。著名作家王蒙对老子所说的"无为"作出了自己的解释。他认为"无为"至少包括两层含义：一是"有所不为"，即凡事都有道德底线；二是"不过多干预"，包括不主观主义、不唯意志论、不瞎指挥、不胡作非为、不轻举妄动等等。可见"无为"的思想，在现实生活中几乎无处不在。它启示我们，凡事都要有一个限度，贪多必失，要学会做减法，学会有所舍弃，学会用"有所不为"的智慧去求得"无所不为"的理想效果。

【原文】

为学日益①，为道日损②，损之又损，以至于无为。

无为而无不为③，取④天下常以无事⑤；及其有事⑥，不足以取天下。

——《老子》第四十八章

注解

①为学：探求外物的知识活动。此处的"学"偏指在政教、礼乐方面的知识学问而言。日益：一天天增长知识。　②为道：通过冥想或体验的途径，领悟事物未分化状态的"道"。此处的"道"，指自然之道，无为之道。日损：情欲妄为日渐消减。　③无为：这里偏指不妄为。　④取：为，治理。　⑤无事：无为，无扰攘之事。⑥有事：有所事事，指政事苛繁骚扰民生之举。

【今译】

研究学问一天天增长知识，修行天道日渐消损情欲。减了又减，一直达到无为的境地。

如果能够做到不妄为，那么做任何事情都可以有所作为。治理天下就要清静无为，以不骚扰民众为根本，如果政事苛繁，扰害民众，就不足以治理天下。

【释义】

这一章的宗旨是谈"无为而无不为"。

吴澄在《道德真经注》中曾经指出："因言无为无不为之旨，故云即古之取天下者，只是无为盛德而人自归之；必用智力而有作为，何足以取天下哉？"那么，究竟应该怎样才能达到这种"无为"的境界呢？为此，老子提出了"为学日益，为道日损"。

"为道日损"是与"为学日益"相对而言的，意思是说"为学"需要天天积累，相反，"为道"则要日日去妄。所谓"去妄"就是减少内心的欲望贪念。老子认为"为学"的目的在于不断求得外在的知识经验，而随着知识经验愈积累愈多，私欲妄见也就层出不穷。"为道"正好相反，它能不断地除去人们心中的私心杂念，使人摆脱情欲的束缚，逐渐达到"无为"的境地。所以，老子希望人们走"为道"的道路，以"情欲"日损为目的，从而达到纯真质朴的"无为"境地。

"道"作为宇宙万物的本质和规律，是质朴、简单和纯一的，所以"为道"就不能繁多繁杂，首先内心要纯净虚静，要清心寡欲，就像镜子一样明亮；其次不要受已有的外在知识的束缚，要减少后天的经验和世俗偏见造成的影响。在老子看来，只有当一个人心中的私欲妄见减少到无欲、无知、无名和无为的境界，才能返璞归真，真正得"道"。

"为道日损"的智慧告诉我们，既要学会在求学中如何做加法，更要学会在生活中如何做减法；也就是说，既要学会不断积累和发展知识、能力、经验、财富，更要学会减少贪欲、幼稚、偏见、浮躁。然而人性的弱点往往在于喜加厌减，常常会被自己并不需要的东西弄得迷失方向。有人说，没有减法就没有大道。所以"为道日损"不仅是个警句，更是一个智者的微笑，需要用心去品味；更是一座思想的高峰，需要尽力去攀登。

第二节 袭明之道

【原文】

善行无辙迹①，善言无瑕谪②，善数③不用筹策④，善闭无关楗⑤而不可开，善结无绳约⑥而不可解。

是以圣人常善救人，故无弃人；常善救物，故无弃物。是谓袭明⑦。

故善人者，不善人之师；不善人者，善人之资⑧。不贵其师，不贵其资，虽智大迷，是谓要妙⑨。

——《老子》第二十七章

注解

①辙迹：轨迹，行车时车轮留下的痕迹。　②瑕谪：过失，缺点，疵病。　③数：计算。　④筹策：古时人们用作计算物品数量时所用的竹片，相当于现在人们所说的"筹码"。　⑤关楗：门闩。古代人家房里的门有关，即栓；有楗，即梢，是木制的。　⑥绳约：用绳捆绑物品。　⑦袭明：内藏聪明智慧。袭：承袭，这里有不露、掩藏之意。明：聪明，这里指的是一种与"道"相符的智慧。　⑧资：借鉴。　⑨要妙：精要玄妙，深远奥秘。

【今译】

善于行走的，不会留下痕迹；善于言谈的，就不会留下过错；善于计数的，用不着筹码；善于关闭的，不用门闩而使人不能打开；善于捆缚的，不用绳索而使人无法解开。

因此，有道之人常常善于挽救人，所以没有无用的人；有道之人善于物尽其用，所以没有被废弃的物品。这就叫做内藏的聪明智慧。所以善人可以作为不善之人的老师，不善之人可以作为善人的借鉴。如果不尊重自己的老师，不爱惜他的借鉴作用，虽然自以为聪明，其实是大大的糊涂。这就是精深微妙的道理。

【释义】

在这一章，老子向我们阐释了"袭明之道"。

魏源读此章直言"真圣人袭明之妙用"。魏源的这一论断其实主要是针对"常善救人"和"常善救物"而言。

在老子看来，世界万事万物对立着的双方在一定条件下都是可以相互转化、相互借鉴的，从这一角度看，这个世界从来没有无用之人，也没有无用之物。所以对待一切人事都要尊重，都要善待，即使是那些看似不善的人和事，也不要鄙视他们，遗弃他们。我们可以或劝勉引导，使之向善；或冷静处之，作为善人的借鉴。

"人尽其才"指的是每个人都能充分发挥自己的才能；"物尽其用"指的是各种东西凡有可用之处，都要尽量利用。人能尽其才，物能尽其用，人和物的潜能能够最大限度被开发和使用，关键在于用人者本身的眼光、气度和智慧。只有拥有独到的眼光，超凡的气度，深刻的智慧，才能在平凡中看出不平凡，才能在普通中看出不寻常的秉性和特长，然后将其放在最适合的位置上发挥其最大的才能。

放眼当下，老子"袭明"的哲学思想依然闪烁着智慧的光芒。无论是资源的开放和使用，还是人才的培养和使用，在决策之前，在行动之前，我们是否可以扪心自问：我们了解他们了吗？我们能够最大限度地、最充分地发挥他们的潜能吗？我们具备了那样的眼光、气度和智慧吗？当然，还有最重要的一点，那就是我们开发了自己的潜能了吗？也许只有当我们更多地了解自己，开启自己本身的潜能和本身的智慧,才有可能真正做到"人尽其才"、"物尽其用"之袭明要妙。

【原文】

圣人常①无心,以百姓之心为心。善者,吾善之;不善者,吾亦善之,德②善。信者,吾信之;不信者,吾亦信之,德信。圣人在天下,歙歙③焉为天下浑其心④。百姓皆注⑤其耳目,圣人皆孩之⑥。

——《老子》第四十九章

注解

①常:与"恒"意思相同,固定不变。　②德:通"得",品德。
③歙:同"翕",收敛,谨慎。　④浑其心:使人心思化归于浑朴纯真。浑:浑朴。　⑤注:专注。　⑥孩之:以之为孩,把百姓当作孩子一样。

【今译】

圣人没有固定不变的私心,他把百姓的心作为自己的心。对于善良的人,我以善良对待他;对于不善良的人,我也以善良对待他,这样就可以使人人向善。对于诚信的人,我以诚信对待他;对不诚信的人,我也以诚信对待他,这样可以使人人守信。圣人为政于天下,将收敛自己的欲望,使天下人的心思化归于浑朴纯真。

百姓都专注于自己的耳目，而圣人把他们都当作孩子一样看待。

【释义】

在这一章中，老子继续表达"无弃人"的思想情怀和以百姓之心为心去治理天下的理想。

什么是"圣人之心"？老子认为，圣人要没有自己的私心，即不能以自己的主观意志去决定好恶、判断是非和限定百姓的意志；相反要以百姓的意志来决定自己的意志，就是要"以百姓之心为心"。这样，自我意志与百姓之间以及人与自然之间的隔阂才能打破，距离才能消除，才能达到人我合一，天人合一。

在老子看来，圣人要做到"以百姓之心为心"，就要能将心比心，以心换心，以善为德，以信为德，收敛私心，浑化天下。老子认为，人不是生来就有善心，也不是人人都有善性；人德有不齐，品有高低，质有好坏。所以，善者，我当以善待之；但对不善者，我依然以善待之，这样才能使人们在扬善弃恶的风气中受到潜移默化的影响，走向"天下之善皆归之"的理想境界。老子主张圣人要以百姓之心为心，就是要以无好恶是非和不分彼此厚薄的浑然之心去治理天下，这样天下百姓就不会出现刻意追求好的和有意避让坏的行为，更不会饰伪使诈，就能归于自然淳朴、和乐无欲。

由"圣人之心"推及常人之心，我们或许难以做到"以善对不善"和"以信对不信"，但可以先从"以善对善"和"以信对信"做起。

俗话说，境由心生，当今社会许多生活的苦恼、困惑与痛苦的存在，其实大多是由于心结未解或心气不通所致，只要我们尝试改变一下自己的"心向"，改变一下自己的观念和意志，可能就会发现，原来人心不仅是向善的，而且是相通的。

【原文】

和①大怨，必有余怨；报怨以德，安可以为善②？

是以圣人执左契③，而不责④于人。有德司契，无德司彻⑤。

天道无亲⑥，常与⑦善人。

——《老子》第七十九章

注解

①和：调和，和解。　②安：疑问代词，哪里。善：好办法。
③执：持有，保存。契：契约。古代借贷财物时双方在竹木上刻下的文字约定，相当于现在的合同文字，竹木一劈为二，左片刻有借贷者姓名，由债权人持有，称左契，右片刻有债权人姓名，由负债人持有，称右契。　④责：偿还，讨债。　⑤司彻：掌管税收的官职。司：主管，掌管。彻：周代税法，征收农民收成十分之一的税为彻。
⑥无亲：没有偏爱。亲：偏爱。　⑦与：帮助，给予。

【今译】

和解深重的仇怨必然还会留下残余的怨恨；用德来报答怨恨，

这哪里能算是妥善解决问题的好办法呢？

因此，圣人只保存借据的存根——左契，但并不以此向人追讨债务。有德之人就像持有借据存根的圣人那样宽容大度，没有德的人就像掌管税收的官吏那样苛刻严酷。

自然规律对人没有偏爱，永远帮助有德的善人。

【释义】

这一章，老子阐释了以德为政的理想，并提出了化解仇恨矛盾的方法。

"以德报怨"从字面上理解是指通过给别人恩惠来报答别人给予自己的仇怨，以此来感化对方，化解宿怨，这应该也算是一种很好的处怨之道。但在老子看来，这绝不是能根本解决深重仇怨的好办法。因为人与人之间一旦结了大怨，是不容易化解的。老子认为解除"大怨"最彻底的方法就是不结怨，尤其是为政者不可蓄怨于民。为政者用税赋去榨取百姓，用刑法去钳制百姓，都会构怨于民。因此，老子警告统治者不要激化与老百姓之间的矛盾，因为积怨太深，是难以从根本上和解的。

那么，如何才能做到不结怨呢？老子提出为政者应该像有道的圣人那样，行"无为"之治，以"德"化民，给予而不索取，不扰害百姓。这就是"执左契，而不责于人"。其实，老子这种"执左契，而不责于人"的期望很美好，但是真正与人相处而不与人结怨是很难做到的。刘康德教授认为，有些人"总体上是情愿结怨，也不肯'执左契，而不责于人'的"（《老子直解》）。总之，老子提出以为善修德来避免结怨的理念是值得倡导的。

第三节　贵言之道

【原文】

太上①，下知有之②；其次③，亲而誉之；其次，畏之；其次，侮之。信④不足焉，有不信焉。

悠兮⑤其贵言⑥。功成事遂，百姓皆谓："我自然⑦。"

——《老子》第十七章

注解

①太上：最好的统治者。　②下：民众，百姓。之：代词，这里指统治者。　③其次：其后，等而下之。　④信：诚信。　⑤悠兮：悠闲自在的样子。　⑥贵言：不轻易说话，这里指统治者不轻易发号施令。　⑦自然：自己本来如此。

【今译】

最好的统治者，百姓不知道他的存在；次一等的统治者，百姓亲近他并且称赞他；再次的统治者，百姓畏惧他；更次的统治者，百姓轻蔑侮辱他。统治者的诚信不足，百姓自然而然就不相信他。

最好的统治者是多么悠闲啊，他不轻易发号施令。事情办成功了，老百姓却说："我们本来就是这样的啊。"

【释义】

在这一章中，老子集中阐释了他思想体系中"贵言"的社会政治观。

老子将社会统治的好坏分为四等，其中最好的统治者是人民不知道他的存在，最坏的统治者是被人民所轻侮，处于中间状况的统治者是老百姓亲近并称赞他，或者老百姓畏惧他。老子理想的政治状况是这样的：统治者具有诚实的素质，他悠闲自在，很少发号施令，政府只是服从于人民的工具而已，政治权力丝毫不得逼临于人民身上，即人民和政府相安无事，各自过着安闲自适的生活。

老子把这种理想的政治情境，与儒家主张实行的"德治"、法家主张实行的"法治"相对比，将其等而下之。实行"德治"，老百姓觉得统治者可以亲近，可以称赞，但往往期望值过高反而会失望,造成不满;实行"法治"的统治者,用严刑峻法来镇压人民,实行残暴扰民政策,这就是统治者诚信不足的表现,人民只能逃避他、畏惧他。这种只有暴力而没有信任的统治是危险的,是容易瞬间崩溃的。老子强烈反对这种"法治"政策,而对于"德治",老子认为这已经是多事的征兆了。最美好的政治,莫过于统治者"贵言",说话不多,言语珍贵,从不轻易发号施令,从不过多干涉,以至于人民根本不知道统治者是谁。"不知有之"这种为政之道的可贵之处在于执政者相信民众并能极大限度地发挥人的能动性和创造性,所谓"最好的管理就是不管理",这是领导的最高境界。

【原文】

希言①自然。

故飘风②不终朝③,骤雨不终日。孰为此者?天地。天地④尚不能久,而况于人乎?故从事于"道"者⑤,同于"道";"德"者,同于"德";失者,同于失⑥。同于"道"者,"道"亦乐⑦得之;同于"德"者,"德"亦乐得之;同于失者,失亦乐得之。

——《老子》第二十三章

注解

①希言：少说话，这里指统治者少施加政令、不扰民的意思。希：稀。　②飘风：暴风，强风。　③朝：早晨。　④天地：这里指天地制造的暴风骤雨，而不是指天地本身。　⑤从事于"道"者：按"道"办事的人，这里指统治者按"道"施政。⑥失：这里指失道或失德。　⑦乐：乐于。

【今译】

不言政令，不扰民，是合乎于自然的。

因此，狂风刮不了一个早晨，暴雨下不了一整天。谁能造成这种现象呢？是天地。天地间的狂风暴雨尚且不能长久，更何况是人呢？所以，按"道"办事的人就要与"道"相同；修"德"的人就要与"德"相同；失去"道"和"德"的人，他的行为结果也会失常；同于"道"的人，"道"也乐于帮助他；同于"德"的人，"德"也乐于帮助他；与失道、失德相同的人，失败也乐于跟随他。

【释义】

这一章，老子继续阐释"贵言之道"。

"希言自然"，这个"言"字，按字面解释，是说话，即少说话是合乎自然的；内在的意思却是指政教法令，即为政者不言政令，不扰民，才是正确的、合乎自然的。这一点，与老子"无为而治"的政治主张是一脉相承的。

老子以自然界的暴风骤雨喻暴政。狂风暴雨，看起来是汹涌、猛烈的，却不能长久。推而广之，如果用暴政，即用苛捐杂税剥削人民，用严酷政令来束缚人民，用强制性的法令横加干涉百姓的生产和生活，人民就会以背戾抗拒的行动对待统治者，这样的政权必然不会长久。相反，执政者若能遵循"道"的原则，遵循自然规律，实行"清静无为"之政，就能符合于政治规律，就能使百姓安然畅适，使社会出现安宁平和的风气。

在老子看来，天地之道是公平的，万物生长的规律是公平的，百姓的生产生活规律是公平的。因此，人们不能违背自然之"道"，为政者只有效仿自然之"道"、自然之"德"、自然之"天"，不去刻意追求，不去刻意用功，万事万物万民才能各得其所、各得其养、各得其生。

【原文】

天下之至柔①，驰骋②天下之至坚。无有入无间③，吾是以知无为之有益。

不言之教，无为之益，天下希及④之。

——《老子》第四十三章

注 解

①至柔：最柔弱的东西。　②驰骋：形容马奔跑的样子。
③无有入无间：无形的力量能够穿透没有间隙的东西。无有：指
不见形象的东西。　④希：一作"稀"，稀少。及：至，到达。

【今译】

天下最柔弱的东西，能穿行于最坚硬的东西中。这个无形的
力量可以渗透和穿越没有间隙的东西，我因此认识到"无为"的
益处。

"不言"的教导，"无为"的益处，普天下很少人能够做得到。

【释义】

在这一章中，老子在讲述"柔弱胜刚强"的基础上进一步阐
述了"无为之益"、"不言之教"。

"以弱胜强"是老子"贵柔"思想的集中体现。在老子看来，
在最柔弱的东西里面，蓄积着人们看不见的巨大力量，使最坚强
的东西无法抵挡。"至柔"的东西总能渗透到没有任何间隙的事物
之中，所谓"驰骋天下之至坚"、"无有入无间"。

发现"柔弱"的特殊意义，是老子的重要智慧之一。在老子看来，
"柔弱"的本质作用正在于它"无为"，故天下最柔弱的东西也最

接近于"道"。"道"是无形的、至柔的，是宇宙的本质、世界存在的方式，是万事万物运动变化的规律。所以只要符合这种本质和规律的东西，它的力量就是无穷无尽的。比如在自然界中，水是至柔的，它能够流经任何地方；气是无形的，它可以穿透任何东西。正因为它们最接近于"道"，所以无所不达、无坚不摧。目前被科学界了解最晚但又知道最少的基本粒子——中微子，由于难以捕捉和探测，而被称为宇宙中的"隐身人"，但它具有极强的穿透力，可以穿透任何物质。这也为老子的"柔弱胜刚强"提供了新的佐证。

老子的"以弱胜强"的思想启示我们，柔弱不是脆弱，不是软弱，不是薄弱，而恰恰是万事万物最具生命力的表现。人生亦若此，柔弱胜刚强。比如，在处理人际关系时，要柔弱谦让，而不能恃强凌弱。有时为了顾全大局，委曲求全也值得赞誉；有时学会暂时的隐忍与退让，反而能取得更好效果。

由此推及社会人生，治理天下如果能够做到像柔弱的水一样"无为""不言"，那么，天下又是怎样的一种情形呢？所以，老子最后说："不言之教，无为之益，天下希及之。"

【原文】

知者不言，言者不知①。

挫其锐，解其纷；和其光②，同其尘③，是谓玄同④。

故不可得而亲⑤，不可得而疏；不可得而利，不可得而害；不可得而贵，不可得而贱；故为天下贵⑥。

——《老子》第五十六章

注解

①知者不言：聪明的智者不多说话。言者不知：爱说的人不是聪明的智者。知（zhì）：通"智"，智慧。　②和：混合。光：光明，光照。　③同：混同。尘：这里指君王日常的言语行为。　④玄同：玄妙齐同，这里指"道"的境界。　⑤不可得：不能够。亲：亲近。　⑥贵：尊重。

【今译】

聪明的智者不多说话，到处说长论短的人不是聪明的智者。

挫去人们的锋芒，解脱他们的纷争，收敛他们的光耀，把他们和尘世混同，这就是"玄同"的境界。这样就不会被过分的亲近拉拢，也不会被过分的疏远冷落；不会被收买利用，也不会被陷害侵犯；不能因他而高贵，也不能因他而卑贱。所以他就被天下人所尊重。

【释义】

这一章体现出老子"知者不言"的智慧。

　　"知者不言"涵盖了老子为人处世的人生哲理。在一个特定的形势、场合、背景下，智慧的人不多言，而多言的人愚笨。看破不说破的人是大聪明、真高明，看破又说破的人是大愚蠢、假精明。

　　在老子看来，得"道"的圣人，即修养成理想人格的人，能够不露锋芒地消解纷争，才能达到"玄同"的最高境界。尖锐的东西容易断折而不能长存，把尖锐的东西磨去了，才能够避免被折断的危险。每个人都从片面的观点出发，坚持着自己的意见，排斥别人的意见，必然造成是非纷纭不断。解除纷扰最好的办法就是要大家放弃片面的意见而从全面来看问题。在老子看来，"知者"内心明白任何事物都是处在不断的变化和发展中，很多事物此一时彼一时。因此，犯不着一定要是非、荣辱、利害、贵贱计较分明，最好的办法就是"知者不言"。把自己融入社会环境之中，不跟着世风乱转；对于大雅大俗的亲和，才能被天下人所尊重。这就要求人们要加强自我修养，排除私欲，不露锋芒，超脱纷争，混同尘世，不分亲疏、利害、贵贱，以开阔的心胸去对待一切人和物。

　　由此来看治国，"知者不言"还有一层意思就是：统治者不能随便发表观点和评论，统治者如果对下属亲疏贵贱分明，就会带来一系列的负面效应，人们就会以他的观念来喜爱或憎恶人事，社会也就会有所偏倚。只有对不同的阶层、不同的宗教学派、不同的文化传统等一视同仁、包容调和，才能营建和谐的社会。如此，天下便可以大治了。

第四节　守中之道

【原文】

天地不仁①，以万物为刍狗②；圣人不仁，以百姓为刍狗。

天地之间，其犹橐籥③乎？虚而不屈④，动而愈出。

多言数穷⑤，不若守中⑥。

——《老子》第五章

注解

①天地不仁：天地没有私心偏爱。仁：这里指有私心的偏爱。
②刍狗：用草扎成的狗。古代专用于祭祀之中，祭祀完毕，就把它扔掉或烧掉，无顾惜之意。这里指轻贱无用的东西。　③橐籥（tuó yuè）：古代冶炼时为炉火鼓风用的助燃器具即袋囊和送风管，是古代的风箱。　④屈：竭尽，穷尽。　⑤多言：这里指政令繁苛。数：通"速"，加快。穷：穷尽到头，无路可行。
⑥中：通"冲"，指内心的虚静。守中：守住虚静。

天地之间,其犹橐龠乎?虚而不屈,动而愈出。
多言数穷,不若守中。

【今译】

天地没有偏爱私心，对待万事万物就像对待刍狗一样。圣人也是没有偏爱私心的，对待百姓也同样像刍狗那样。

天地之间，岂不像个大风箱一样吗？它空虚而不枯竭，越是抽动，它的风量就越大。

政令繁苛反而会更加使人困惑，无所适从，所以不如持守虚静中正之道。

【释义】

这一章，老子向我们具体阐释了"守中之道"。

"守中之道"来自于本章末句"多言数穷，不若守中"，意思是话说多了，只会加速失败，不如守着虚静。对于为政者而言，政令繁苛，只会加速其败亡，不如保持虚静状态。所以，为政者应当少言、慎言，保持虚静状态，按照自然规律办事。只有虚静无为，万物方能够生化不竭。

老子不愧是一位辩证法大师，他总是能从正中看出反，在反中看出正。在这里，他告诉我们天地的运行看似能量消耗、减少，其实能量反而越来越大。这正好比是风箱，越抽动风量反而越大。其实，人亦如此。话说得越多，口中之祸越多；政令颁布越繁琐，百姓越是无所适从。老子从天地的自然而然、无为无造，推广到为政者也应该清静无为，而不应该把太多主观的意愿强加于他人。只有对事物不作明确的肯定或否定，无所偏倚，百姓之间才能够平安相处，免除祸害，社会也才能相安无事。

"守中之道"讲的是统治者的治国方略，也是人们为人做事的规范。在现实生活中，只有排除一切杂念，让心灵虚空，保持内心的宁静和澄明，我们才能以更明了的目光去观察大千世界。同样，在艺术创作中，只有忘了世间万物，忘了自己的存在，远离世俗与利害关系，不受私欲杂念干扰，以无知、无欲、无求的心态去感受世间的"道"，达到物我同一，达到"物化"的状态，才能真正体会自然，认识自然，创作出真正与自然相通的作品。

【原文】

以正①治国，以奇②用兵，以无事取③天下。吾何以知其然哉？以此④：

天下多忌讳⑤，而民弥贫；人多利器，国家滋昏⑥；人多伎巧，奇物滋起⑦；法令滋彰，盗贼多有。故圣人云：我无为，而民自化⑧；我好静，而民自正⑨；我无事，而民自富；我无欲，而民自朴⑩。

——《老子》第五十七章

注解

①正：正直，不偏邪，这里指正道，清静无为之道。　②奇：出奇，不正常。　③取：治理。　④以此：以下面这段话为根据。此：指下面一段文字。　⑤忌讳：禁忌，避讳。　⑥人：人民，百姓。利器：锐利的兵器。滋：越。　⑦伎（jì）巧：技巧，智巧。奇物：邪奇的事物。　⑧自化：自然顺化。　⑨自正：自然端正。　⑩自朴：自然淳朴。

【今译】

以清静无为之道去治理国家，以出奇的办法用兵作战，以不扰害人民的原则来治理天下。我怎么知道是这种情形呢？根据就在于此：

天下的禁忌越多，而老百姓就越陷于贫穷；人民的锐利武器越多，国家就越陷于混乱；人们应付社会的技巧越多，邪风怪事就闹得越厉害；法令越是森严，盗贼就越是不断增加。

所以有道的圣人说：我无所作为，人民就能自我顺化；我持守虚静，人民就自然端正；我没有贪欲野心，而人民就自然淳朴。

【释义】

这一章体现了老子"以正治国"的策略。

"以正治国"指以清静无为，而不是以苛刻严厉的方法来治理天下。老子将天道自然的思想，推之于治国之道，提示执政者应该按照事物的规律去治理天下。

老子生活的时代，社会动乱不安。严峻的现实使他感到统治者依仗权势和武力肆意横行、为所欲为是造成天下混乱局面的原因。所以老子提出了"无为"、"无静"、"无事"、"无欲"的治国方案。因而这一章反映了他对"无为"的社会政治观点的概括，也是老子对国计民生的具体思考。

老子认为，虽然森严的法令能对不法之徒产生威慑、震撼，但是"道高一尺魔高一丈"，社会败坏之际，不法之徒并没有因为森严的法令而减少，法令的不完善之处总是会让不法之徒有机可乘。法令越多，越苛刻、严厉，只能造成社会越来越动荡。只有以清静无为之道依照社会规律来行事，才能治理好国家。对此老子用了四个排比句，表达了越是想有为而控制百姓，天下就越逆反的思想，然后以正反论证提出无为而治才能使国家按照社会规律自由发展，人民才能自然富足和提升。

老子的思想对于今天市场经济体制的建立和政治体制的改革都有积极的启示。在今天来看，无论对于一个国家、一个企业还是一个部门，主要负责人都应该"无为而治"。让属下有自己的空间，有自己的职权、责任和义务，这样主要负责人方能成就更大事业，取得更大成功。

第五节　安民之道

【原文】

治大国，若烹小鲜①。

以道莅②天下，其鬼不神③。非④其鬼不神，其神不伤人。非其神不伤人，圣人亦不伤人。夫两不相伤⑤，故德交归焉⑥。

——《老子》第六十章

注 解

①烹：煎。小鲜：小鱼。　②莅：临。　③其鬼不神：鬼不起作用。神：灵，起作用。　④非：不是。　⑤两不相伤：鬼神和圣人不伤害人。　⑥交：共同。归：归依，归附。焉：这里代指百姓。

【今译】

治理大国，好像煎烹小鱼一样。

用"道"治理天下，鬼神起不了作用；不是鬼神不起作用，而是鬼神的作用伤害不了人；不但鬼神的作用伤害不了人，圣人也不会伤害人。这样，鬼神和有道的圣人都不伤害人，所以，功德恩泽都回归到百姓身上。

【释义】

这一章体现了老子治国执政的"安民之道"。

"烹小鲜"就是煎烹小鱼。这是用烹鱼比喻治国的道理，小鱼很鲜嫩，用刀频频搅动，肉就碎了。国家的统治者治理国家，要像煎小鱼那样，不要常常翻弄，也就是不能用烦苛的政令来干扰百姓，不能频频伤害、烦扰百姓。

"治大国，若烹小鲜"是老子所说的一句传颂很广的名言，这句话是老子无为而治的思想主张在政治上的运用。为政的关键在于不扰害百姓，这一点深刻影响了中国几千年的政治。老子看重"无为"，这是他对"道法自然"见解的发挥。他用极其形象、简洁的语言概括了一个极其复杂的治国谋略——要保证国家的长治久安，执政者就必须小心谨慎，认真严肃，绝不能以主观意志随意左右和改变国家政治。对执政者而言，法律制度不要随意改动，执政时不要随意说话，不能在管理中随意添加个人意志和私欲，要掌握时机、掌握分寸、把握过程，按照"小鲜"的本性去调理政治。如果以个人的主观愿望去改变社会，朝令夕改、朝三暮四、忽左忽右，老百姓就会无所适从，国家就会动荡不安。相反，如果国家制定的政策法令能够得到坚定不移地贯彻执行，人民就会幸福富裕，社会就会和谐发展，国家就会收到富民强兵之效。

【原文】

江海所以能为百谷王^①者，以其善下^②之，故能为百谷王。

是以^③圣人欲上民^④，必以言下之^⑤；欲先民^⑥，必以身后之。是以圣人处上而民不重^⑦，处前而民不害^⑧。是以天下乐推^⑨而不厌。以其不争，故天下莫能与之争。

——《老子》第六十六章

注解

①百谷王：河流汇聚之地。谷：川，河流。　②善：善于，能够。下：处在低下的位置，在这里作动词用。　③是以：因此，于是。
④上民：把自己摆在人民之上，即统治人民。上：动词，处在……之上。　⑤下之：居于人民的下位。下：动词，居于下位。
⑥先民：站在人民的前面。先：与下句的"后"字一样都作动词，分别为站在……前面，居于……后面。　⑦重：负累，负担。
⑧害：妨害，受害。　⑨推：拥戴。

【今译】

江海能够成为河流的归附地，是因为它善于处在低下的地方，所以能够成为河流的汇聚地。

因此，圣人要想统治人民，必须用言辞对人民表示谦下；要想领导人民，必须把自己的利益放在他们的后面。所以圣人虽然地位居于人民之上，而人民并不感到有压迫；居于人民之前，而人民并不感到受妨害。所以天下的人民都乐意拥戴他而不厌弃他。因为他不与人民相争，所以天下就没有人能和他相争。

【释义】

这一章体现了老子的谦下、利民的治国之道。

老子提出"江海为王"，意思是江海因为善于处在低下的地方而成为百川河流的汇聚地，成为百川的主宰。这里老子是用"江海"作比喻，说明圣人治国治民的根本原则就是要善于居下处后、谦虚大度。这体现出老子思想系统中重要的政治哲学观。在这里，老子的"不争"不是目的，更不是消极被动的"无为"。"不争"其实是为了更大的争，圣人居下处后是为了"上民"、"先民"；"不争者"才是最大的赢家，"以其不争，故天下莫能与之争"，"不争"方能赢得天下人的归附和拥戴。

老子这一谦下不争、先民利民的政治哲学观不仅为统治者巩固统治提供了为政的策略，也对人们的生活观念带来深刻的启迪。尤其是在现代社会，很多人为了一己私利努力去争高低，争长短，争是非，最终使得身心俱疲、损人害己。这时如能细细体味一下老子的政治哲学观，采取以退为进、以柔克刚、以屈求伸，以不争去争，以无为去为，又何尝不是一种更积极的人生态度、更大的人生智慧呢？

【原文】

民不畏威①，则大威②至。

无狎③其所居，无厌④其所生。夫唯不厌，是以不厌⑤。

是以圣人自知不自见⑥；自爱不自贵⑦。故去彼取此⑧。

——《老子》第七十二章

注解

①威：指统治者的专制威压。　②大威：大的祸乱，指人民的反抗斗争。　③无狎：不要逼迫。无：通"勿"，不要。狎（xiá）：通"狭"，压迫，逼迫。　④厌：压迫，阻塞。　⑤夫唯不厌，是以不厌：前一个"厌"是"压迫"之意，后一个"厌"是"厌恶"之意。⑥自见：自我表现，自我显示。见：通"现"，表现，显示。⑦自爱不自贵：指圣人能珍爱自己却不自显高贵。　⑧去彼取此：指舍去"自见"、"自贵"，而取"自知"、"自爱"。

【今译】

当人民不畏惧统治者的专制威压时，那么，大的祸乱就要到来了。

不要逼迫人民不得安居，不要阻塞人民谋生的道路。只有统治者不压迫人民，人民才不厌恶统治者。

因此，圣人自己知道，但不自我表现；能珍爱自己却不自显高贵。所以要舍弃"自见"、"自贵"而采取"自知"、"自爱"。

【释义】

这一章体现了老子"爱民"、"自爱"的政治观。

　　"自知"、"自爱"是老子给当时统治者提出的人格修养要求。他希望统治者不要自居高贵，而要自知、自爱，抛弃自见和自贵。因为圣人了解自己却不肆意地表现自己，不让自我意志居于人民之上，才能体恤百姓的意愿，实行宽缓的统治；圣人珍爱自己却不以自我为贵，让自己高高在上，才能以民为贵，摒弃苛政暴政。说到底，圣人的这种"自知"、"自爱"是有道的表现，而"不自见"、"不自贵"则是无我的表现。圣人有道无我，自然就能够获得人民的爱戴，也就不会导致"官逼民反"的大动乱了。

　　"自知自爱"更是一种人生的大智慧。真正聪明的人总是表现得大智若愚，低调沉稳，理性包容。一个人有自知之明又不处处表现自己，珍爱自己又不刻意抬高自己，才是真正的大智慧。

第六节　论兵之道

【原文】

　　以道佐①人主者，不以兵强②天下。其事好还③。师之所处④，荆棘生焉。大军之后，必有凶年⑤。

善有果而已⑥，不敢以取强。果而勿矜⑦，果而勿伐⑧，果而勿骄，果而不得已，果而勿强。

物壮则老⑨，是谓不道⑩，不道早已。

——《老子》第三十章

注解

①佐：辅佐，辅助。　②强：逞强。　③其事好还：用兵这件事很快会受到对方报复。还：返，回报，报应。　④师：军队。处：地方。　⑤凶年：荒年，灾年。　⑥果：成果，效果，这里可以理解为战争有禁暴除乱的效果。已：停止。　⑦矜：自满。⑧伐：自夸。　⑨壮：强壮，强硬。老：衰败。　⑩不道：不合乎规律大道。

【今译】

用"道"辅佐君主的人，不会依仗兵力逞强于天下。用兵杀人的事情必然会遭到对方的报复。军队打过仗的地方，那里会长满荆棘。大战之后，一定会出现荒年。

因此，善于用兵的人，只要达到用兵的效果便会结束战争，并不会依仗自己的兵力去逞强好斗。取得战果而平息战事后，便不会因自己的兵力而骄傲自满，也不会夸耀自己的功劳，更不会骄横待人，因为这种战事是逼不得已才进行的，所以有了战果后就没有必要再逞强好斗了。

强壮了就会趋向衰败，这不合乎规律；不合乎规律则会提早消亡。

【释义】

这一章主要讲述老子"反战"、"俭武"的军事思想，该思想的背后也体现出老子深刻的哲学思想。

"物极必反"是说事物发展到了极点就会向相反的方向转化，"物壮则老"则揭示了一般事物发展变化的规律。这是老子辩证思想的体现。

人们在发生利益冲突的时候，不论古代的帝王抑或当今的百姓都愿意选择武力、战争的方式来平息事端。而武力所造成的后果往往是双方都得不偿失，"师之所处，荆棘生焉。大军过后，必有凶年"。就像春秋五霸，运用武力皆取得一时的胜利，最终也是交替而衰。为什么胜利不能长久呢？因为任何取得胜利的一方往往都会骄矜自恃，妄图运用日渐强盛的武力抢夺更多利益，而此时必定招致人们更强烈的反抗，因而最终的结果必然是灭亡。这也就是"物壮则老"、"物极必反"的道理。

当我们在竞争中取得胜利、取得结果，或者说达到我们成功的目的时，能不能做到"不自大、不炫耀、不骄傲、不逞强"呢？这虽然在现实中很难，但是我们应该明白"物壮则老"、"物极必反"的道理。这不仅是一个自然规律，如月盈则亏、日盈则昃、春去秋来、寒往暑来，而且是一个人生规律：人到壮年便开始衰老。老子强调一个君主、一个国家以及任何一个人都要尽量避免"壮而老"，避免"取强"，只有按照"无为"之道来做事，才能保持久远。

【原文】

夫兵①者，不祥之器，物或恶之②，故有道者不处③。

君子居则贵左④，用兵则贵右。兵者不祥之器，非君子之器，不得已而用之，恬淡为上。胜而不美⑤，而美之者，是乐⑥杀人。夫乐杀人者，则不可得志于天下矣。

吉事尚左⑦，凶事尚右。偏将军⑧居左，上将军居右。言以丧礼处⑨之。杀人之众，以悲哀泣⑩之，战胜以丧礼处之。

——《老子》第三十一章

注解

①兵：兵器。 ②物：这里指人。恶：厌恶。 ③处：依靠。 ④居：平时。贵：以……为贵。古时候的人认为左阳右阴，阳生而阴杀。"贵左"、"贵右"、"尚左"、"尚右"、"居左"、"居右"都是古时候的礼仪。 ⑤美：好。 ⑥乐：喜欢。 ⑦吉事：喜庆的事。尚：上，以……为上。 ⑧偏将军：副将军。 ⑨处：处理，对待。 ⑩泣：同"莅"，意为到场、参加。

【今译】

兵器是一种不祥的东西，人们都厌恶它，所以有"道"的人不会轻易使用它。

君子平时以左边为贵，而用兵打仗时就以右边为贵。兵器这个不祥的东西，不是君子所使用的东西，万不得已使用它，也最好淡然处之。取得了胜利也不要自鸣得意，当作美事一桩，如果洋洋得意，认为是美事，那就反映你喜欢杀人。凡是喜欢杀人的人，难以得志于天下。

吉庆的事情以左边为上，凶丧的事情以右边为上。所以打仗时，副将军站在左边，上将军站在右边。这就是说用丧礼仪式来对待用兵打仗的事情。战争中杀人众多，所以要用哀痛的心情参加，打了胜仗，也要以丧礼的仪式去对待。

【释义】

这一章具体体现了老子"反战"的思想观念。

老子认为在兵事中起重要作用的兵器是不祥之物，用兵的人应该谨慎使用，而有道的人则不使用。哪怕因为自卫、保护国土和人民不得不使用兵器，那也应该"恬淡为上，胜而不美"，冷漠地、悲哀地对待兵事，胜利了也要以丧礼仪式来处理。

春秋时期，战争越打越频繁，越打越大，也越打越残酷。吴楚争霸大战持续一年多才结束。发生在周定王十三年(前594年)的楚宋之战，楚庄王围攻宋国达九个月，据说当时宋都城内粮食断绝，人们"易子而食"、"析骸而炊"。每次战争开始或结束，总是以盛大的宴席来为之启程或是为之庆功，而人民在战争中却饱受苦难。老子以"不祥之器"形容"兵"，就是告诫人们战争是残酷的，不论胜利还是失败，都应以悲哀之情来对待，喜欢兵事的人必定怀着杀人之心，难以得志于天下。

【原文】

用兵有言：吾不敢为主而为客①，不敢进寸而退尺②。是谓行无行③，攘无臂④，扔无敌⑤，执无兵⑥。

祸莫大于轻敌，轻敌几丧吾宝⑦。

故抗兵相若⑧，哀⑨者胜矣。

——《老子》第六十九章

注解

①主：主动，这里指打仗时主动进攻。客：被动，这里指打仗时被动防御。　②进：这里指进攻别国的领土。退：这里指退守本国领土。　③行无行：行进时没有行列可摆。第一个"行"（xíng），是动词，行进。第二个"行"（háng）是名词，行列、阵势。　④攘无臂：虽然要奋臂，却像没有臂膀可举一样。攘（rǎng）：伸出，举起。　⑤扔无敌：虽然对抗敌人，却像没有敌人相对。扔：对抗。　⑥执无兵：虽然有兵器，却像没有兵器可持。执：手持。　⑦丧：丧失。宝：法宝。　⑧相若：相当，对等。　⑨哀：悲哀，哀痛，悲愤。

【今译】

用兵的人曾经这样说：我不敢主动进犯而采取守势，不敢前进一步而宁可后退一尺。这就是说，行进却像没有行列可摆一样，奋臂却像没有臂膀可举一样，对抗敌人却像没有敌人可打一样，有兵器却像没有兵器可以执握一样。

祸患再没有比轻敌更大的了，轻敌几乎丧失了我的法宝。

所以，两军实力相当的时候，悲痛的一方必然会获得胜利。

【释义】

这一章体现了老子反对战争的思想，同时也从军事学的角度，谈了以退为进的处世哲学，表明了老子处世哲学中的退守、居下的原则。

"哀兵必胜"这一成语，最初就出自于《老子》"故抗兵相若，哀者胜矣"。它的意思是说受压悲愤的一方，有必死的决心，所以一定能克敌制胜。老子认为，战争应以守为主，以守而取胜。由此，"哀兵必胜，骄兵必败"，成为千古兵家的军事名言。

为什么"哀兵必胜"？老子认为原因就是："行无行，攘无臂，扔无敌，执无兵。祸莫大于轻敌，轻敌几丧吾宝。"即不要流于形式，不要受到有形的限制，最高明的阵势在于没有阵势，最有力的攻击不需要挥动手臂、不需要手拿兵器。轻易出兵、轻视敌人，表面上看是对敌人的了解不够，实际上则是好战的思想占了上风，对自己过分自信，不把人民的安危、国家的安危放在首位。而"哀兵"心态说明了作战人把自己放在退守的位置，不到万不得已不会发动战争；如果迫不得已进行战争，也首先把人民的安危、国家的安危放在首位，始终把结束战争作为战争的目的，这样心怀慈悲、以退为进、后发制人的战略思想一定能引导战争取得胜利。

在我们生活中，往往也存在"以退为进、以柔克刚、哀兵必胜"的实例。老子告诫我们退守并不是面对强敌侵略时的退缩，而是以一种大道的方式赢得民心，赢得战争的胜利。

修身之道

"道"可以修身。

老子主张"致虚守静",强调主体自身的内在修养。为道者只有纯洁心灵,知雄守雌,方能真正进入空明澄澈的境界;只有有知人之智,自知之明,胜人之力,自胜之强,方能恬淡安宁,远离祸患;只有做到无私无欲,清静无为,知足不辱,知止不殆,才算真正领悟到修身养性的要诀真谛。

本单元共从《老子》一书中选取16章,分别从不争之道、静虚之道、贵身之道、俭啬之道、知守之道、养生之道等六个不同的角度,细致阐释了老子在修身养生方面的具体主张。

第一节 不争之道

【原文】

上善若水①。水善利万物而不争，处众人之所恶②，故几③于道。

居善地④，心善渊⑤，与⑥善仁，言善信，政⑦善治，事善能，动善时。夫唯不争，故无尤⑧。

——《老子》第八章

注解

①上善若水：上善之人像水一样。　②所恶：厌恶的地方，这里是指低洼之地。　③几：接近。　④地：这里指低洼之处。　⑤渊：沉静。　⑥与：通"予"，指和别人交往。　⑦政：为政，行政。　⑧尤：过失。

【今译】

上善之人好像水一样。水善于滋润万物却不和万物相争，甘心停留在众人所厌恶的低洼地方，所以最接近于"道"。

他善于选择低洼之地居住，心胸善于保持沉静，交友善于真诚友爱，说话善于遵守诚信，为政善于精简处理，处事善于发挥才能，行动善于把握时机。

正因为不与万物相争，所以没有过失。

【释义】

这一章，老子向我们阐释了"不争之道"。

"上善若水"是说最高的善、最美的德像水一样，处于低下的位置；像水一样沉静深沉，不与万物相争。老子认为圣人的言行应该类似于"水"的德行，这样人才不会有过失。

老子崇尚"水"，以"水"来喻"不争之道"。水的德行具体表现在什么地方呢？老子一连用了七个"善"字来做具体阐发。"居善地"是说水能够很好地给自己定位，总是向低处流。这是一种谦虚、不争的心态。但是，在现实生活中世人却总喜欢向高处走，因而不能正确定位自己。"心善渊"是说人的心胸应该像水一样广阔，要海纳百川。"与善仁"是说在与人交往方面，要像水一样与人为善，而不是为恶，要像水一样具有慈善、仁爱的特性。"言善信"是说在言语方面，要说到做到，为人诚信，不尔虞我诈。"政

上善若水。水善利万物而不争,处众人之所恶,
故几于道。

善治"是说在行政治理方面，要从水的柔性中体会其稳定性、规律性与可持续性，要用水一样的"柔性"管理方法来治理国家。"事善能"是说在为人处世方面，要像水一样能灌溉、洗涤、调节等善于发挥才能，善于发挥功效。"动善时"是指要像水一样善于把握时机，须停则停，能动就动。老子认为水能做到这些，关键就是它给自己的定位很低，从来不与万物相争，所以没有过失。

水不争的智慧告诉我们：保持一种低姿态，一种反向思维，越是把自己放得低，其实你的人格就越高。汉代张良就是一个很好的例子，他在权势显赫之时不再争上位，而是自求封于"留侯"而隐退，最终得以保全自身，避免了不必要的祸害。

【原文】

信言①不美，美言②不信。

善者不辩③，辩者不善。

知者不博④，博者不知。

圣人不积⑤，既以为人己愈有⑥，既以与人己愈多⑦。

天之道，利而不害⑧。圣人之道⑨，为而不争⑩。

——《老子》第八十一章

注 解

①信：真实可信的。信言：真话。　②美：华丽的。美言：华丽之言。　③善：言语行为善良的。辩：巧辩，能说会道。　④知：通"智"，聪明的，智慧的。博：广博，渊博。　⑤圣人：有道的人。积：积攒，储存。　⑥既：已经，……之后。己：自己。愈：更加。　⑦与：动词，给。多：与"少"相对，此处意为"丰富"。　⑧利：使……有利。害：伤害。　⑨道：行为准则。　⑩为：动词，做。而：连词，表转折。争：争夺。

【今译】

真实可信的话不华丽，华丽的话不真实可信。

善良的人不巧辩，巧辩的人不善良。

真正的智者不求广博，求广博的人不智慧。

有道的人是不积攒占有之心的，他尽力照顾别人，自己反而更加富足；他尽力给予别人，自己反而更加丰富。

自然的规律是使万事万物都得到好处，而不伤害它们。有道之人的行为准则是做什么事都不跟别人争夺。

【释义】

在这一章中，老子再次论述了"利而不害，为而不争"的道理，将天道与人道、治国与修身联系在一起，总结全文。

老子认为，"信言"、"善者"、"知者"是淳厚质朴的，不需要"美"、"辩"、"博"之类来文饰。

有道者言语质朴简约，不依靠言辞的华美来达到流传后世。其文风既不像表现情感的诗词歌赋，更不像猎取功名的八股文章。虽然虚华的美言也能传世以扬名，邀宠以获利，但是却不能启人本性。再读邹忌讽齐王的故事，我们可以深刻领会"美言不信"的真谛。邹忌身高八尺，而且长得很帅，他分别向妻子、小妾、客人询问自己和城北的徐公谁美。他们异口同声用"美言"回答徐公不能与邹忌相比。但是当徐公来了之后，邹忌经过仔细审视后发现自己真的不如徐公，对照着镜子端详后越发觉得自己比不上他。

细细分析，我们会发现这种"美言"的内涵。一、人家的"美言"并不一定就是真言、信言。不管是面对亲近自己的人，还是面对别人，都应该如此；面对一个人的"美言"应当如此，而面对众口一词的"美言"也应当如此。二、"美言"的确动听悦耳，听起来很舒服，但是在"美言"的背后往往存有不良动机，很多情况下是有一种利益在驱使。三、"美言"容易蒙蔽人，需要我们深入实践去考察一番。

由此推而广之，圣人就要清心寡欲，努力做到清静无为，而不是尽力搜刮索取，多方面极尽所能去聚集财物。圣人就要尽力帮助他人，努力给予他人来获得内心的自我满足。所以，如同天道"利而不害"一样，人道的准则应该就是"为而不争"。

第二节　静虚之道

【原文】

致虚极，守静笃①。

万物并作，吾以观复②。

夫物芸芸③，各复归其根④。归根⑤曰静，静曰复命⑥。复命曰常⑦，知常曰明⑧。不知常，妄作凶。

知常容，容乃公，公乃全，全乃天⑨，天乃道，道乃久，没身不殆⑩。

——《老子》第十六章

注解

①致虚极，守静笃：致虚和守静的工夫，要做到极致的境界。虚和静都是形容人的心境是空明、宁静状态，但由于外界的干扰、诱惑，人的私欲开始活动，因此心灵蔽塞不安，所以必须注意致虚和守静，以期恢复心灵的清明。极和笃都是极度、顶点的意思。　②作：生长，发展，活动。复：循环往复。　③芸芸：茂盛，纷杂，繁多。

④根：根本，本原。 ⑤归根：回归本原。 ⑥复命：复归本性。 ⑦常：天地万物运动变化中的不变法则。 ⑧明：认识、了解事物运动变化中的法则。 ⑨容：宽容，包容。公：大公，公平。全：周到，周全。天：自然。 ⑩殆：危险。

【今译】

致虚和守静的工夫，要做到极致的境界。

万物都在生长发展，我从而可以观察其循环往复。

万物尽管变化纷纭，最后又各自返回它的本原。回归本原叫做"静"，"静"叫做"复命"。"复命"叫做"常"，认识"常"就叫做"明"。不认识"常"而轻举妄动就会招来凶险。

认识"常道"才会包容，包容才会公正，公正才会周全，周全才会符合自然，符合自然才会符合大道，符合大道才会长久，终身不会有危险。

【释义】

在这一章中，老子向我们阐释了"静虚之道"。

"致虚"、"守静"是道家的一种主体修养工夫。它强调从宇宙自然法则的体悟中，使心灵达到空明澄澈的境地。"致虚极"是要人们排除物欲的诱惑，回归到虚静的本性。只有这样才能真正认识"道"，而不是为争权夺利而忘了"道"。"致虚"必须"守静"，因为"虚"是本体，而"静"则在于运用。

"致虚"、"守静"历来被道学家广泛采用而借以增进自身的道德品行。明代吕坤曾说："躁心、浮气、浅衷、狭量此八字，进德者之大忌也。去此八字只用得一字曰：静。"（《呻吟语》卷一《存心》）道学家还认为"静"可以通神明，增认识，明事理。天地之间的法则，只有静者才能看得通透，看得真切，就像水只有静时才能照须眉一样。

那如何做到"虚静"呢？当代学者陈鼓应认为：不以心机欲念蔽塞明澈的心灵，这样才能达到观悟道体的境地，才能做到行为"有常"而不"妄作"。当今社会，物欲横流，越来越多的人容易在瞬息万变的物质世界里迷失自我。只有保持清静的心态，以"静"的态度观察万物，才能有所"明"，才会包容、才能公正、才能周全、才会长久，才能终身免于危险。

【原文】

大成若缺①，其用不弊②。

大盈若冲③，其用不穷④。

大直若屈⑤，大巧若拙⑥，大辩若讷⑦，大赢若绌⑧。

躁胜寒，静胜热⑨。清静为天下正⑩。

——《老子》第四十五章

注解

①大成：最为完满的东西。缺：缺损，残缺。　②用：作用。弊：通"敝"，有破败、衰竭、衰败的意思。　③盈：充盈，盈实。冲：虚，空虚的意思。　④不穷：无穷。　⑤大直：最正直的东西。屈：曲，弯曲。　⑥巧：灵巧。拙：笨拙。　⑦辩：雄辩。讷（nè）：拙嘴笨舌，不善说话。　⑧绌：减损，亏本。⑨躁胜寒，静胜热：跑跑跳跳可以克服寒冷，安安静静可以克服暑热。躁：烦扰、躁动。静：清静。　⑩清静：指无欲无为。正：通"政"，模范，楷模，这里引申为政治上的首长、首领。

【今译】

最完满的东西，好像有欠缺，但它的作用不会衰竭。

最充盈的东西，好像是空虚的一样，但它的作用是不会穷尽的。

最正直的东西好像弯曲，最灵巧的东西好像笨拙，最卓越的辩才好像不善言辞，最大的赢利好像亏本。

跑跑跳跳可以克服寒冷，安安静静可以克服暑热。清静无为的人才能统治整个天下。

【释义】

在这一章中，老子继续阐发了他清静、静虚的主张。

"大成若缺"是说最完美的事物好像还不完美，这是老子提出的内容和形式、本质和现象之间的辩证法则。现实生活中，的确有一些事物表面看来是一种情况，实质上却又是另一种情况，表面情况和实际情况有时甚至完全相反。因而，老子认为要处处顺应自然的规律，在此基础上又进而提出无欲无为、保持清静的思想。

在本章中，他分别用大盈、大直、大巧、大辩等表面上所表现出的缺陷来类比说理。生活中我们的确常常看到"成"好像"缺"、"盈"好像"冲"、"直"好像"屈"、"巧"好像"拙"、"辩"好像"讷"的现象。那么，我们究竟应该怎么去做呢？老子进一步分析论证：身体不断地运动可以战胜外界的寒冷，心境保持宁静清凉可以战胜外界的酷热，掌握着清静无为的准则就能够成为天下的统帅。"躁"和"静"是我们可以主动去做的行为，"寒"和"热"是外界的环境对我们的影响。只有真正知行合一地做到了这些事，才算"知清静"，才算遵循"道"，所以也才能"为天下正"。

当然，我们也可以把老子的这些话理解为他对"人格"的指导。其中"大成"、"大盈"指的是人格形态；"若缺"、"若冲"、"若屈"、"若拙"、"若讷"是"人格"外在的表现。这些说明一个完美的人格不在于外形上表露，而在于内在生命的含藏内收。大成就的人往往表现得有缺陷；只有看似有缺陷，才有进一步发展的余地，才能保持成就并继续传承下去。

第三节 贵身之道

【原文】

宠辱若惊①，贵大患若身②。

何谓宠辱若惊？宠为下③，得之若惊，失之若惊，是谓宠辱若惊。

何谓贵大患若身？吾所以④有大患者，为⑤吾有身，及⑥吾无身⑦，吾有何患？

故贵以身为天下⑧，若可寄天下⑨；爱以身为天下，若可托⑩天下。

——《老子》第十三章

注解

①宠：宠爱，得宠。辱：受辱，侮辱。若：好像。惊：惊慌，惊恐。
②贵大患若身：重视大患就像看重自己的身体一样。贵：看重，重视。　③宠：受宠。下：卑下的，下等的。　④所以：……的原因。　⑤为：因为。　⑥及：如果，假设。　⑦无身：与"有身"相对，没有自身。　⑧贵以身为天下：看重自身去治理天下。
⑨若：相当于"才"、"就"。寄：寄托，交付。　⑩托：托付。

【今译】

受到宠爱和受到侮辱都感到惊恐，把大患和自身看得一样重要。

什么叫做得宠和受辱都感到惊慌失措？得宠是卑下的，得到宠爱感到惶恐不安，失去宠爱也感到惶恐不安。这就叫做得宠和受辱都感到惊恐。

什么叫做重视大患就像重视自身一样？我有大患的原因，是因为我有自身；如果我没有自身，我还会有什么祸患呢？

所以，像看重自身一样去治理天下，天下就可以交付给他了；像爱护自身一样去治理天下，天下就可以托付给他了。

【释义】

这一章，老子阐述了他的"贵身之道"。

大家都知道这样一副名联："宠辱不惊，看庭前花开花落；去留无意，望天空云卷云舒。"这里说的"宠辱不惊"与"宠辱若惊"有什么关系？为什么老子主张"宠辱若惊，贵大患若身"？

就受宠而言，宠爱你的人总是高高在上，受宠爱的人总是居下位。这本身就是一种不平等的关系。所以，老子说"宠为下"。得宠者以得宠为殊荣，为了不致失去殊荣，便在赐宠者面前诚惶诚恐、曲意逢迎。如此说来，受辱固然损伤了自尊，受宠何尝不损害人自身的人格尊严呢？如果一个人未经受任何辱与宠，那么他在任何人面前都可以傲然而立，保持自己完整、独立的人格。所以"为腹不为目"的"圣人"，才能够"不以宠辱荣患损易其身"，才可以担负天下重任。

　　一般人对于自身的宠辱荣患十分看重，甚至还有许多人重视身外的宠辱远远超过自身的生命。人生在世，难免要与功名利禄、荣辱得失打交道。许多人是以荣庞和功利名禄为人生最高理想，活着就是为了名、位、利等身外之物。老子提出"贵身"的思想，就是告诫人们不要舍本逐末，不要去追逐身体之外的宠爱、荣耀、富贵，而要珍爱自己的身体和生命，清静寡欲。

【原文】

　　重为轻根①，静为躁君②。

　　是以君子③终日行不离辎重④。虽有荣观⑤，燕处超然⑥。奈何万乘之主⑦，而以身轻天下⑧？

　　轻⑨则失根，躁则失君。

——《老子》第二十六章

【今译】

厚重是轻率的根基，清静是躁动的主宰。

因此君子终日行走，也不离开载装衣物、粮食、兵器的车辆，
虽然过着荣华的生活，却也能安然处之，内心不受外界物质的干扰。
为什么大国的君主，还轻率躁动以治天下呢？

轻率就会丧失根基，急躁就会丧失主宰。

【释义】

这一章，老子向我们说明了为人处世要"戒轻戒躁"。

老子告诫人们不要轻浮，不要浮躁。重和轻，静和躁，都是
相对的两种现象。重和轻，是物理现象的相对；静和躁，是生态
现象的相对。重是轻的根源，静是躁的主宰。老子看到了矛盾的
对立统一，这也体现了老子以阴阳为基础的朴素辩证法思想。

　　"辎"本来是指车上装载着行李或物件。"辎重"是车子装载重量行李的统称。那么，为什么圣人要"终日行而不离辎重"呢？"终日行而不离辎重"是说志在圣贤的人们，始终要戒慎恐惧，随时随地怀着济世救人的责任感。这是做人的根基所在，对于一个人来说，根基是他的品格和境界、学养和经验，是他近道、明道、行道的程度。一个人的事业、成就犹如他的果实，而名声、形象、人气，则犹如他的花朵，背景、支持、影响又好比是他的枝叶。如果连根都没有长好，却又雄心勃勃，不就犹如无根之木，越想开大花结大果就枯萎得越快吗？

　　有根基、有主心骨，才能够有远见、有准备、有立于不败之地的修养。正如圣人或者君子，正如圣明的国君、统帅，他们随时做好了应变的准备，不离后勤车辆，不离后勤保障，不脱离脚踏实地的状态，而对眼前的荣华富贵一笑置之，决不沉溺其中而忘乎所以，决不悬浮半空而自取灭亡。反过来说，轻率、轻浮、轻飘就没了根基，就容易被外力推倒、拔起、颠覆。而躁动、急躁、焦躁，就会因为失去主心骨而失控。

【原文】

名与身孰亲？身与货①孰多②？得③与亡④孰病？

甚爱必大费，多藏必厚亡。

故知足不辱⑤，知止不殆⑥，可以长久。

——《老子》第四十四章

注解

①货：财富。　②多：贵重。　③得：指获取名利。　④亡：指丧失性命。　⑤辱：病，有害。　⑥殆：危险，危害。

【今译】

名声和生命相比，哪一样更为亲切？生命和财富比起来，哪一样更为贵重？

获取名利和丢失性命相比，哪一个更有害？

过分贪爱名利就必定要付出更多的代价；过于积敛财富，必定会招致更为惨重的损失。

所以说，懂得满足，就不会受到屈辱；懂得适可而止，就不会遇见危险；这样才可以保持住长久的平安。

【释义】

在这一章中，老子通过比较重申了"贵身之道"。

"知足不辱"是说知道满足的人不会受辱。老子借此宣讲的是人要贵生重己，对待名利要适可而止、知足知乐，这样才可以避免遇到危难；反之，为名利奋不顾身、争名逐利，则必然会落得身败名裂之可悲下场。

其实，任何事物都有自己的发展极限，超出此限，则事物必然向它的反面发展。因而，每个人都应该对自己的言行举止有清醒的、准确的认识，凡事不可求全。生活中贪求的名利越多，付出的代价也就越大；积敛的财富越多，失去的也就越多。而让人深思警醒的是这个损失并不仅仅指物质方面的损失，更是指人的精神、人格、品质方面的损失。物质方面的损失也许将来可以弥补，而精神、人格、品质方面的损失呢？恐怕一失足成千古恨，终身都难以弥补！

若要"不辱"，需要"知足"；若要"知足"，必须远离声色货利的诱惑，过一种简单、有规律、有节制的生活。而能否抵制诱惑，关键取决于能否在纷繁的世界中保持内心的宁静。所以，诸葛亮在《诫子书》中直言"非淡泊无以明志，非宁静无以致远"。

保持独立的人格，坚守高尚的理想，也许能让我们从嘈杂纷乱中回归从容和安宁。

第四节　俭啬之道

【原文】

企者不立①；跨者不行②。自见者不明；自是者不彰；自伐者无功；自矜者不长。

其在道也，曰：余食赘行③。物或恶之④，故有道者不处⑤。

——《老子》第二十四章

①企者不立：踮着脚不能站太长时间。这里比喻违反自然条件而想高于他人的人，反倒不能长久地维持自己的地位。企：踮起脚尖，脚跟不着地。　②跨者不行：跨大步走反倒不能走得太远。这里比喻违反自然条件而想快过他人的人，反倒不能长久地保持前进的速度。跨：跃，越过，跳跃着行走。　③赘行：多余的形体，因饱食而使身上长出多余的肉。行：同"形"，形状，形体。④物或恶之：人们讨厌这些东西。物：人。恶（wù）：讨厌，不喜欢。　⑤不处：不居于此，不这样做。处：处于，居于，这里可以理解为把自己放在这样的位置，即这样做。

【今译】

凡是踮起脚想要站得比别人高的人，反而站立不久；凡是跨着大步想要走得比别人快的人，反而走不远。因此，自我展现的，反而得不到显现；自以为是的，反而得不到昭显；自我夸耀的，反而没有功绩；自高自大的，反而不能长久。

从道的角度看，以上这些急躁炫耀的行为，就像是剩饭赘瘤，它们都是令人厌恶的东西，所以有道的人决不这样做。

【释义】

在这一章中，老子从反面阐释了他的无为、俭啬的观点。

老子反对急功近利、浮躁冒进，认为欲速则不达，只有脚踏实地才能进速致远。这是老子无为、俭啬之道的反映。

这一章中的"企者不立"和"跨者不行"都是在讲述一样的道理。把脚尖踮起来，脚跟不着地叫"企"。踮起脚尖来，能站多久呢？"跨者不行"是说跨开大步走路，只能是暂时偶然的动作，却不能永久如此。如果你要故意跨大自己的步伐去行远路，必然是走不远的。"企者"就是好高，"跨者"就是骛远。老子用这两个易于理解的现象来说明好高骛远的错误性。如果连最浅近的、最基础的都没有做好，却偏要向高远的方面去追求，不是自找苦吃，就是甘愿自毁，必然得不到理想的结果。

任何一样东西都有自然的形态，强行改变都是不正常的；任何事物都有其发展的规律，强行改变也都是不正确的。而人踮脚拔高之意，跨越求捷之心，正是人自身也惚兮恍兮、不明不彰、失道缺德的表现，所以不能踮脚求高，跳跃行路。做学问是一个厚积薄发的过程，倘若没有足够的知识积累，恐怕很难研究透彻，得出的结论也就难以立住脚跟吧。推而广之，做人应有平常心，切忌心浮气躁、急功近利；待人处事更要脚踏实地、勤恳耐心。如此，又何患不达？

【原文】

治人事天①，莫若啬②。

夫唯啬，是谓早服③；早服谓之重积德④；重积德则无不克；无不克则莫知其极，莫知其极，可以有国；有国之母⑤，可以长久。是谓根深固柢⑥，长生久视⑦之道。

——《老子》第五十九章

注解

①治人事天：治理百姓和奉行天道。治：治理。事：奉行，侍奉。天：天地，天道，自然。　②啬（sè）：俭啬，这里指爱惜精气。③早服：早作准备。服：备，准备。　④重积德：不断地积德。重：多，厚，不断地增加。　⑤有国之母：有了治理和保卫国家的原则和道理。有国：含有保国的意思。母：根本，原则。　⑥柢（dǐ）：树木的根，引申为基础。　⑦长生久视：长久地维持，长久存在。

【今译】

治理百姓奉行天道，没有比爱惜精神更为重要的了。

爱惜精神，才能够做到早作准备；早作准备，就是不断地积"德"；不断地积"德"，就没有什么不能攻克的；没有什么不能攻克，那就没有人知道他力量的极致；没有人知道他力量的极致，就可以担负治理国家的重任。有了治理和保卫国家的原则和道理，国家就可以长久维持。这就是根深蒂固、长治久安的道理。

【释义】

在这一章中，老子明确提出了"治人事天，莫若啬"的观点。

老子认为国家要想长治久安，就要不断培育根基、积累精力和德行；修身养性就要奉行天道、涵养性情。关注自然事理，见微知著，善于发现问题的先兆，才能把问题和隐患解决在萌芽状态。这里说的"啬"既是指治国安邦的根本原则，也是人们修身养性的正确方法。因为大到维持国家的统治，小到维持生命的长久、保养身心，都离不开这条原则。治理社会、养护身心，达成与天道的和谐，都莫过于采取俭朴、节制、戒欲的方法。如能奉行"俭啬之道"治理天下，国家就会和谐安定、长治久安；如能以"俭啬之道"修身养性，人们就会远离祸患、延年益寿。

任何巨变，都有一个前因后果，都是一个渐变的过程。事情刚刚露出苗头时最容易消解，祸患微小时最容易铲除。只有厚藏根基，减少不必要的物欲，积累雄厚的德，才能够接近于"道"。每一个王朝的兴盛，都与多年德义的积累，不断解决社会矛盾，从各个方面逐步建立起稳固的政权有关。每一个王朝的衰败，也都是积累了民怨、腐败妄为的必然恶果。所以，只有积累德义奉行"俭啬之道"才能解除社会上骄奢淫逸之风；只有及早发现问题，及时解决矛盾，才能够攻无不克、战无不胜；只有掌握规律并运用规律，才能治理好国家、发展好经济、养护好身心。

【原文】

我有三宝,持而保之^①：一曰慈,二曰俭^②,三曰不敢为^③天下先。

慈故能勇^④；俭故能广^⑤；不敢为天下先,故能成器长^⑥。

今舍慈且^⑦勇,舍俭且广,舍后且先,死矣！

夫^⑧慈,以战则胜,以守则固^⑨。天将救之,以慈卫之。

——《老子》第六十七章

注 解

①而：连词,表并列。保：保存,保有。之：代词,这里指代三宝。
②俭：节俭。　　③为：做。　　④慈：仁慈。故：所以。勇：勇
武。　　⑤广：大方,宽广。　　⑥器：指万物。长（zhǎng）：
首长,带头人。　　⑦且：取。　　⑧夫：句首发语词,无意义。
⑨以战则胜,以守则固：即以（之）战则胜,以（之）守则固。以：
介词,用,凭借。之：代词,指代慈爱之心。则：于是,就。

【今译】

我有三件法宝执有并且保存它：第一件叫做仁慈,第二件叫做节俭,第三件是不敢做居于天下人前面的事情。

因为拥有了仁慈,所以能勇武；因为拥有了节俭,所以能道路宽广；因为不敢做居于天下人之先的事情,所以能成为万物的首长。

现在丢弃了仁慈而去追求勇武，丢弃了节俭而去追求大方，舍弃不在天下人前面做事情的原则而去求争先，是必然走向死亡的。

用仁慈来征战就能够胜利，用仁慈来守卫就能固若金汤。上天要救助谁，就用仁慈来护卫他。

【释义】

在这一章中，老子重申了他的"俭啬之道"。

老子所说的"三宝"就是"慈"、"俭"、"不敢为天下先"。老子认为这是大"道"的三个护身法宝。三者有怎样的含义、关系和妙用呢？"慈"有柔和、爱惜之意，"无为"是老子政治思想的概括，而"慈"的另一个名词则是"无为"。所以，"慈"是三宝的首要原则。用"慈"进攻可以得胜，退防则可以固守。如果上天要救护谁，就会用"慈"来保卫他。在一个战火频仍、天下未定、争夺激烈的时代，老子强调仁爱很有必要。从中国传统角度去思考，习兵尚武者更要强调仁慈宽厚，更要强调不可滥杀无辜。

"俭"的内涵有两层：一是节俭、吝惜；二是收敛、克制。"俭"就是"啬"，它要求人们要节约、爱护、珍惜人力和物力。这反映了老子珍惜万物的悲悯心怀，也告诉人们如此才可以聚敛精神，积蓄能量，进而等待时机。

"不敢为天下先"，也有两层含义：一是不争、谦让；二是退守、居下。这也符合"道"的原则,是老子不争、无为思想的表现。在老子看来,以退为进、以柔克刚才是真正的大智慧。

总之,"慈"、"俭"、"不敢为天下先"这三个法宝不是懦弱、贫穷、消极退缩,而是勇敢、富足,成为万物的首领。舍弃了这三宝,也就会因为无人支持和帮助而走进死胡同。

第五节　知守之道

【原文】

知其雄①,守其雌②,为天下豀③。为天下豀,常德④不离,复归于婴儿。

知其白,守其辱⑤,为天下谷⑥。为天下谷,常德乃足,复归于朴⑦。

朴散则为器⑧,圣人用之,则为官长⑨,故大制不割⑩。

——《老子》第二十八章

注解

①雄：比喻刚劲，躁进，强大。 ②雌：比喻柔静，软弱，谦下。 ③谿（xī）：沟溪，水沟，这里指处于卑下地位。 ④常德：永恒的德性。常：永恒。 ⑤辱：卑下，羞辱。 ⑥谷：山谷，峡谷，比喻人心谦虚。 ⑦朴：朴素。原意是未加工的树木，这里指纯朴的原始状态。 ⑧器：器具，器物，这里指万事万物。 ⑨官长：百官的首长，领导者，管理者。 ⑩大制不割：用大道治理天下不会造成伤害。制：治制，管理。割：割裂，伤害。

【今译】

虽然深知什么是雄强，却安守雌柔的地位，甘愿做天下的沟溪。甘愿作天下的沟溪，永恒的德性就不离身，回复到婴儿般纯真的状态。

虽然深知什么是明亮洁白，却安守卑辱的地位，甘愿做天下的川谷。甘愿做天下的川谷，永恒的德性才能够充足，回复到自然本初的素朴纯真状态。

原始本初的质朴分散，成为万物，圣人运用万物，就成为百官的官长，所以用大道治理天下就不会造成伤害。

【释义】

在这一章中，老子提出了他的"知雄守雌"的观点。

　　"知雄守雌"的字面含义是指知道怎样去称雄，但是要学会选择雌伏。隐含的意思是说知道如何取胜，但是宁愿保持温和谦让。这与老子一向推崇的"上善若水"精神一脉相承。在很多时候，雌伏、退让、低调等看似柔弱的行为，其实具有更强大的力量。因此，人们处事不可一味争强，暂时的退让也许是更好的选择。

　　"知雄守雌"，就要把自己定位得低下些；"知雄守雌"，就是要保持低调的姿态。这样才能在对万物的审视中把一切看得清清楚楚、明明白白。知雄守雌者知道怎样去获取光荣，也明白为什么要得到光荣，但是自己宁愿忍辱负重，把荣誉让给别人，把困难和误解留给自己。

　　"知其雄，守其雌"是心性上的修养，"知其白，守其辱"则是行为上的修养。老子在宣扬知雄守雌、知白守辱时既有对善之本性的回归，也包含着对恶的正视。"守雌"不是一味地退缩或者回避，而是暗含主宰于其中。善于守雌的人不仅可以执持"雌"的一面，也可以运用"雄"的一面。因而，"知雄守雌"实际上是居于最确切妥当的地方而对全局境况有全面的了解和掌控。所以，严复说："今之用老子者，只知有后一句，不知其命脉在前一句也。"

　　"知雄守雌"是老子一再强调的道的原则。行道之人必须在深知自己雄强的前提下，主动感受雌弱，居于下流。因为弱胜强，柔胜刚，牝胜牡，只有"以静为下"，真正懂得"知守之道"，才能够处于不败之地。

【原文】

知①人者智②，自知者明③。

胜人者有力，自胜者强④。

知足者富，强⑤行者有志。不失其所者⑥久，死而不亡⑦者寿。

——《老子》第三十三章

注 解

①知：认识，了解。　②智：聪明。　③明：高明。　④强：刚强。　⑤强：坚持。　⑥所者：这里可以理解为坚守的东西。⑦死而不亡：身体死亡而不被遗忘，这里可以理解为身体死亡但精神依然存在。亡：同"忘"，遗忘。

【今译】

能了解认识别人叫做聪明，能认识了解自己才算高明。

能战胜别人叫做有力，能克服自己的弱点才算刚强。

知道满足的人才算富有，坚持力行、努力不懈的就是有志。不失去坚守的信念就能长久不衰，身体虽然死亡但不被遗忘，才算真正的长寿。

【释义】

在这一章中，老子明确提出了"知人"和"自知"。

　　"自知之明"的字面含义是透彻地了解自己的能力，也就是正确了解自己的情况，对自己有正确的估计。老子对"自知之明"的重视，体现了老子对于人性本质的深刻认识，也提醒我们要时刻对自身的行为与思维进行反思。

　　"知"既是认知的过程，也是认知的结果。"知人"的主体是自己，"知人"的对象是别人。所以"知人"就是主体认知客体，自我认知他人。一个人能够看清楚别人，能够把任何人都认识清楚，就是一个很有智慧的人，所以，老子说"知人者智"。但是"知人者智"仅仅还是第一步，更重要的第二步是"自知者明"。比较起来，"自知"更难，因为自知是自己认知自己、主体认知主体。自己认知自己往往带有自我喜好和主观情绪，所以往往更容易造成片面偏差甚至错误认知。苏轼有诗云："不识庐山真面目，只缘身在此山中"，说的就是这个道理。

　　其实"知人"和"自知"并不是截然分开的。"知人"的基础就是"自知"。如果不了解自我，那么，观察和认知别人往往也是不准确的。能够做到"自知"才是一个明白人，但是很多人都觉得自己最明白自己，都觉得别人不了解自己。由此可见，"自知之明"很难。正是因为"自知"很难，所以才更彰显了"自知之明"的可贵。

　　今天，可能很多人并不知道"自知之明"出自《老子》一书，但是"自知之明"却早已成为妇孺皆知的日常用语，这也充分反映了老子的思想早已深入人心，影响到人们生活的方方面面。每一个人都应该充分认识自己，在认识自己的基础上发展自己，这是"自知之明"的时代诠释。

【原文】

天下有始^①，以为天下母^②。既得其母，以知其子^③；既知其子，复守其母，没身不殆^④。

塞其兑，闭其门，终身不勤^⑤。开其兑，济其事^⑥，终身不救。

见小曰明，守柔曰强^⑦。用其光，复归其明^⑧，无遗身殃^⑨；是为袭常^⑩。

——《老子》第五十二章

注 解

①始：本始，原始，指"道"。　②母：本原，根源，这里指大道。老子认为万物都是从大道中生化出来，"母"比喻的就是大道，"天下"是指天下万物。这句的意思是天下万物都有一个本源作为产生自身的母体，这个本源就是大道。　③子：派生物，指由"母"所产生的万物。　④没身：终身。殆：危险。　⑤兑：口。门：与兑的意思相同，指门径。勤：劳疾。　⑥开其兑，济其事：打开嗜欲的孔穴，增加纷杂的事件。济：成。　⑦见小曰明，守柔曰强：能察见细微才叫做"明"，能持守柔弱才叫做"强"。小：细微。明：眼明心亮，神智清明。柔：弱小。强：强健，自强不息。　⑧用其光，复归其明：运用涵蓄着的光，返复到观察细致的"明"。发光体本身为"明"，照向外物为"光"。　⑨无遗身殃：不给自己带来麻烦和灾祸。遗：招致。殃：灾祸。　⑩袭常：袭承常道。袭：蹈袭，袭承。常：生命的正常规律。

【今译】

世界上事物起初都有原始状态，那是事物的本原。认识了事物的本原，就可以推知事物现在的发展状况和发展规律。认识了事物现在的发展规律，又把握着万物的根本，那么终身都不会有危险。

塞住欲念的孔穴，闭起欲念的门径，终身都不会有烦扰之事。如果打开欲念的孔穴，就会增添纷杂的事件，终身都不可救治。

能够察见到细微的叫做"明"；能够持守柔弱的叫做"强"。运用涵蓄着的光，返复到观察细致的"明"，不会给自己带来灾难，这就叫做因袭不变的"常道"。

【释义】

这一章，老子提出了"守柔曰强"的道理。

老子认为能坚守柔弱而充满韧性，并表现出百折不回的气势就叫做强。这也就是说一个人可以坚守他的柔软，那才是最坚强的人！所以说，"守柔曰强"。

"柔弱"是老子的处世哲学，也是一种克敌制胜、自我保全的艺术。在老子看来，"物壮则老"、"兵强则灭"、"木强则折"，因此刚强往往是败亡的象征，而柔弱却是新生的标志。"人之生也柔弱，其死也坚强；草木之生也柔脆，其死也枯槁；故坚强者死之徒，柔弱者生之德。"由此可见,老子坚信"柔弱胜刚强"。当然老子的"柔弱"既非软弱,也非懦弱,而是一种外柔内刚、柔中带刚的行为方式。"天下莫柔弱于水,而攻坚强者莫之能胜。"从中我们可以看出看似柔弱的事物其实蕴含着强大的力量。老子十分推崇柔弱之术,并将其视为一种普遍有效的方法。因此,老子主张要"知其雄,守其雌","知其白,守其辱"。唯有如此才能防止向刚强转化,维持相对的长久,从而避免败亡的结局。故此,老子提出"守柔曰强"的观点。

老子论述哲学上的认识论问题,又使用了"母"与"子"这对概念。其实,"母"就是"道","子"就是天下万物。因而,"母"和"子"的关系,就是道和万物、理论和实际、抽象思维和感性认识、本和末的关系。天下自然万物的生长和发展有一个总的根源,人应该从万物中去追索这个总根源。人们认识天下万物不能离开这个总根源,不要向外奔逐,否则将会离失自我。在认识活动中,要除去私欲与妄见的蔽障,来真正把握事物的本质及规律。

世人多好逞聪明,不知收敛内省。其实,这是很危险的。老子希望人们不要一味外露,而是要内蓄、收敛。只有这样,才不会给自身带来灾祸。

第六节　养生之道

【原文】

持①而盈之，不如其已②；揣③而锐之，不可长保④。

金玉满堂，莫之能守；富贵而骄，自遗其咎⑤。

功遂⑥身退，天之道⑦也。

——《老子》第九章

注解

①持：手执，把持。　②已：止，停止。　③揣：捶击。

④长保：长久保存。　⑤咎：过失，灾祸。　⑥遂：成就。

⑦天之道：指自然规律。

【今译】

把持而使它盈满，不如停下来；捶打得锐利了，不能保持长久。

金玉堆满屋中，没有人能守得住；得到富贵而骄横，会给自己带来灾祸。

功业完成后激流勇退，是符合自然规律的。

【释义】

这一章，老子提出了"功成身退"的安身修养之道。

"功成身退"是说大功告成之后要自行隐退，不再复出。就普通人而言，建立功名是相当困难的，但功成名就之后如何去对待它，那就更不容易了。而老子却以"功成身退"这四字箴言给我们留下了一种安身的智慧：做人要留有余地，不要把事情做得太过，不要被胜利冲昏头脑。反之，知进而不知退，善争而不善让，贪心不足，居功自傲，忘乎所以，往往招致祸害，甚至身败名裂。

【原文】

五色①令人目盲②；五音③令人耳聋④；五味⑤令人口爽；驰骋畋猎⑥，令人心发狂⑦；难得之货，令人行妨⑧。

是以圣人为腹不为目⑨，故去彼取此⑩。

——《老子》第十二章

注解

①五色：青、黄、赤、白、黑，这里指多种多样的色彩。
②目盲：比喻眼花缭乱。　③五音：宫、商、角、徵、羽，这里指多种多样的音乐声。　④耳聋：比喻听觉不灵敏，分不清五音。
⑤五味：酸、苦、甘、辛、咸，这里指多种多样的美味。
⑥驰骋：纵横奔走，比喻纵情放荡。畋（tián）猎：打猎获取动物。

⑦心发狂：心旌放荡而不可制止。　　⑧行妨：伤害操行。妨：妨害，伤害。　　⑨为腹不为目：只求温饱安宁，而不为纵情声色之娱。腹：这里是指一种简朴宁静的生活方式。目：这里是指一种巧伪多欲的生活方式。　　⑩去彼取此：摒弃物欲的诱惑，而保持安定知足的生活。

【今译】

缤纷的色彩，使人眼花缭乱；嘈杂的音调，使人听觉失灵；丰盛的食物，使人舌不知味；纵情狩猎，使人心旌情放荡发狂；稀有的物品，使人产生偷盗，败坏社会风气和人的品德。

因此，圣人但求吃饱肚子而不追逐声色之娱，所以摒弃物欲的诱惑而保持安定知足的生活方式。

【释义】

在这一章中，老子提出了要摒弃物欲诱惑的养生之道。

"为腹不为目"这句话是说各种绚烂美丽的东西都是表象，都会对人产生伤害，要像"为腹"一样过一种简单清静的无欲生活，而不要像"为目"一样过一种巧伪多欲的生活。在此，老子劝告世人不要过多地向外追求，因为内修才是人的立身根本。

那么，"为腹不为目"是不是面对繁花似锦的太平盛世视而不见？是不是面对百花齐放的文化艺术充耳不闻？是不是面对空前的物质繁荣无动于衷？绝对不是！"为腹不为目"不是让人们远离"五色"、"五音"、"五味"、"畋猎"、"珍宝"这些原本美好的东西，而是要让我们修炼平和的心境，要求我们做到：有思想、有理想、有方向，无论外界如何充满诱惑，都不要沉迷其中，都不能放弃自己追求的目标，都不能迷失自己最初的方向、既定的理想。

【原文】

天下有道，却①走马②以粪③；天下无道，戎马④生于郊⑤。

祸莫大于不知足，咎⑥莫大于欲得。故知足之足，常⑦足矣。

——《老子》第四十六章

注解

①却：退回，放回。　②走马：善于奔跑的战马。　③粪：耕种，播种。　④戎马：战马。　⑤生于郊：指母马在战地的郊野产仔。　⑥咎：过失，罪过。　⑦常：永远。

【今译】

国家政治上了轨道，就会把战马退还到田间给农夫用来耕种；国家政治不上轨道，连怀胎的母马也要送上战场，在战场的郊野生下马驹子。

最大的祸害是不知足，最大的过失是贪得无厌。因此，知道满足的人，才会永远满足。

【释义】

这一章，老子阐述了"知足之足常足"的道理。

老子此章开门见山指出"天下有道"与"天下无道"的区别。如果天下有道，那么，战马都会退回到耕田里，用于农事耕种；如果天下无道，那么，战马就会出生在战场的郊野上，连母马也被用于战争。因此，我们可以就此把社会的稳定与社会的动荡作为天下是否有道的标准。没有战争而人们安居乐业的社会在老子看来是"得道"的，反之则是"无道"的。可见老子具有强烈的人道主义、人本主义思想。

为什么统治者会穷兵黩武发动战争呢？老子认为一切的根源在于"不满足"。不知满足、贪得无厌是一种可怕的心态。由这种心态出发，必然要去掠夺、去兼并、去侵略。这样只会带来战争，造成饿殍遍野、民不聊生。老子敏锐地看出了战争的根源，看出了"有道"和"无道"的区别。战争就是最大的灾祸，也是最大的罪过，其实就是一种以所谓正当的名义进行的大规模犯罪。所以，老子直言"咎莫大于欲得"。正是统治者贪婪的心性，才酿成了历史上频繁的战乱。

老子指出，要想改变这种状态，就必须体悟"知足之足"，也就是说知道满足才是一种真正的、永远的满足。这与我们通常所说的"知足常乐"有异曲同工之妙。只有在主观上知道满足，才能避免战争、消除痛苦，达到人生常乐的境界。

道德思辨

"尽信书则不如无书！"

读任何一本书都要有独立的思想见地，都要站立起来读，而不应该跪着读。读《老子》，我们能够脱口说出什么是"道"吗？真正明晰老子的辩证说理艺术了吗？对老子的主张又有什么不同的见解？这都需要我们在阅读过程中予以思考。

本单元共从《老子》一书中选取 15 章，分别从推理论道、愚民复古、绝圣弃智、周行转化、贵柔尚弱、玄妙虚无等六个不同的角度，试图解析老子之"道"的思辨思想。

第一节　推理论道

【原文】

天长地久①。天地所以②能长且久者，以其不自生③，故能长生。

是以圣人后其身而身先④，外⑤其身而身存，非以其无私邪⑥？

故能成其私⑦。

——《老子》第七章

注解

①天长地久：天地长生久远，永无尽头。　②所以：……的原因。　③以其不自生：因为它不为自己私利而生存运作。以：因为。　④后其身而身先：置自身于最后，结果反而能占先。⑤外：方位名词作动词用，使动用法，这里是置之度外的意思。⑥邪（yé）：同"耶"，语气助词，表示疑问的语气。　⑦成其私：成就自己。

【今译】

天地长生久远，永无尽头。天地所以能长久存在，是因为它们不为了自己而生存运行，所以能够长久生存。

因此，有道的圣人把自己放在最后，反而能在众人之中领先；将自己置身于度外，反而能保全自身。这不正是因为他无私心吗？所以能成就他自身。

【释义】

在这一章中，老子由"天地不自生"阐发推理，论述了谦下的道理。

"后身身先"意思是说圣人凡事不争先，反而能走到前边，把自身置之度外，反而能保全自己。由"后身"最终向对立面"身先"转化。"后身身先"是老子主张的处世哲学，有着朴素的辩证法观点。

在这一章里，老子以"天道"来喻"人道"，希望"人道"效法"天道"。老子认为，天地能长久地存在，并非天地采用了各种保持长久的方法，而是因为天地本身不为自己的私利而生存。因为天地生养万物不是为了自己的生存，所以反而能长存不灭。由此推衍到人身上，人应该向天地学习这种无私的处事方式。圣人是凡事不争的，是将自己置之度外的，这样别人就不容易去加害他，他反而能占先、"身存"，最终成就他自己，因无私而"成其私"。

老子这种推衍转换的论道方式，充分体现了他高超的论辩才能。他从天地"不自生"故能"长生"中得出人要无私、先人后己等美德，对我们为人处世、修身养性等都具有积极意义。

【原文】

为无为①，事无事②，味无味③。

大小④多少⑤。图难于其易，为大于其细⑥。天下难事必作⑦于易；天下大事必作于细。是以圣人终不为大，故能成其大⑧。

夫轻诺必寡信，多易必多难⑨。是以圣人犹难之，故终无难矣⑩。

——《老子》第六十三章

注解

①为无为：以无为的态度去作为。　②事无事：以不搅扰的方式去做事。　③味无味：把无味当作味，即以恬淡为味。　④大小：大生于小，也可以理解为大的看作小，小的看作大。　⑤多少：多起于少，也可以理解为多的看作少，少的看作多。　⑥图：谋划。易：容易。为(wéi)：这里是实现、实施的意思。细：细微。　⑦作：起，兴起，这里是做起的意思。　⑧不为大：不自以为大。成其大：成就了大事情。　⑨轻诺：轻易地允诺，轻易地发诺言。必：一定。寡：少，不足。信：信用，诚信。　⑩犹：尚且。终：终究，最终。

【今译】

以无为的态度去有所作为，以不滋事的方法去处理事物，把恬淡无味当作有味。

大生于小，多起于少。图谋困难的事情要从容易的地方入手，处理重大的事情要从细微的地方入手。天下的难事一定从简易的地方做起；天下的大事，一定从微细的部分开端。因此有"道"的圣人始终不贪图作大贡献，所以才能做成大事。

轻易发出诺言的必定很少能够兑现，把事情看得太容易势必遭受很多困难。因此，有道的圣人总是看重困难，所以就终于没有困难了。

【释义】

这一章，老子细致阐述了由小成大、由少成多的道理，明确提出了"为无为"、"事无事"。

有关大小难易的问题，道学家常常有许多精辟的见解。老子说"道大"，还说"见小曰明"，大小要兼顾。庄子也说："自细视大者不尽，自大视细者不明。"事实上，许多大道往往隐晦难明，只有知微者才能体味，只有见小者才能洞察。

事物的产生和发展都有一个由小变大、由少变多的过程。因此，对于难事要从容易的地方入手，对于大事要从细小的地方入手。所以，从这个意义上讲，"为无为"就是为了有为，"事无事"就是为了最终成事，"味无味"就是为了有味。圣人"终不为大"，就是能够成就其大。这也就是说，必须慎重缜密地对待一切困难，不要轻易许下诺言，草率从事，这样由易而难，由小到大，才能最终走向成功。

不仅如此，难易问题也和处事态度有密切关系。老子提醒我们处理艰难的事情必须要先从容易处着手。面临细小的事情时，我们绝对不可以掉以轻心。其实，"难之"是一种慎重的态度，凡事都需要谨慎周密，细心而为。这无论对于做事还是为学都是至理。

【原文】

人之生也柔弱①，其死也坚强②。草木之生也柔脆③，其死也枯槁④。故坚强者死之徒⑤，柔弱者生之徒。

是以⑥兵强则灭，木强则折⑦。

强大处⑧下，柔弱处上。

——《老子》第七十六章

注解

①之：助词，的。也：助词，表句中停顿。柔弱：柔软的，指人活着的时候身体是柔软的。　②其：代词，他。也：助词，表句中停顿。坚强：僵硬，指人死了以后身体就变成僵硬的。　③柔脆：指草木枝条的柔软脆弱。　④枯槁：同义复词，形容草木死后变得干枯。　⑤徒：类。　⑥是以：所以。　⑦则：于是，就。折：摧折。　⑧处：处于，居于。

【今译】

人活着的时候身体是柔软的，死了以后身体就变得僵硬。草活着的时候是柔软脆弱的，死了以后就变得干枯了。所以坚强的东西属于死亡的一类，柔弱的东西属于生命的一类。

所以兵力强盛了就会遭到灭亡，树木强壮了就会遭到砍伐摧折。

强大的反而居于下位，柔弱的反而居于上位。

【释义】

在这一章中，老子由人和草木的生死展开推理，阐发了"柔弱胜刚强"的道理。

老子对社会与人生有着深刻的洞察。他看到树木越强，也越容易折断。由此推理，强大是处在下面的，柔弱是处在上面的。因此老子认为，任何事物越柔弱，生命力就越强，境界就越高；反之，越刚强，生命力就越弱，境界就越低。世界上的东西，凡是属于坚强者都是死的一类，凡是柔弱的都是生的一类。由此，老子认为，人生在世，不可逞强斗胜，而应柔顺谦虚，有良好的处世修养。这种思想来源于对自然和社会现象的观察与总结。这里，无论柔弱还是坚强，也无论"生之徒"还是"死之徒"，都是事物变化发展的内在因素在发挥作用。这再一次表明了老子的辩证法思想。

老子所表达的思想是极富智慧的，他以自然和社会现象形象地向人们提出奉告，希望人们不要处处显露突出，不要时时争强好胜。

但是，老子的推理和结论也有片面性。老子看到草木活着时柔弱，死去时刚强，因而就得出了"坚强者死之徒，柔弱者生之徒"的结论。老子还提出"兵强则灭"，难道"兵弱乃胜"吗？高亨在《老子注译》也明确自己对老子的评价："放弃相反一面的事物而不谈，则将会流入唯心论的泥坑。"因此，我们在读《老子》的时候必须有自己的见解。

第二节　愚民复古

【原文】

古之善为道者，非以明民①，将以愚之②。

民之难治，以其智多③。故以智治国，国之贼④；不以智治国，国之福。

知此两者亦稽式⑤。常知⑥稽式，是谓"玄德"⑦。"玄德"深矣，远矣，与物反矣⑧，然后乃至大顺⑨。

——《老子》第六十五章

【今译】

古代善于推行道的人，不是使人民多智巧诈，而是使人民淳厚朴实。

人民之所以难于治理，就是因为他们使用太多的智巧伪诈。所以用智巧伪诈去治理国家，就是国家的祸害；不用智巧伪诈去治理国家，才是国家的福气。

了解这两种治国方式的差异也就是一个治国的法则，了解这个治国法则，就叫做"玄德"。"玄德"又深又远，与万物一起回归于真朴，然后才得以顺乎于自然。

【释义】

在这一章中，老子强调了返朴归真的治国策略。

"以智治国"是指统治者以智巧伪诈之心治理国家的方式。在本章中，老子明确反对以智治国，认为那将是国家的危害；强调治政在于统治者要有真诚质朴之心，那样才是国家的福气。在老子看来，如果统治者"以智治国"，老百姓巧以应对，就会造成奸伪丛生、天下大乱的局面。所以，老子提出了"大道废，有仁义；智慧出，有大伪"。这是老子"以智治国，国之贼"结论的理论根据。

老子身处春秋战乱之时，各诸侯国之间明争暗斗，统治者处心积虑，竞相伪饰，造成了社会的混乱，社会风气也由此渐渐败坏。老子针对时弊，呼吁人们要抛弃世俗价值的纠纷，进而返璞归真。对统治者而言自己首先要有真诚质朴的心，进而再去引导百姓回归真诚质朴的本性。正如陈鼓应所说，"老子认为政治的好坏，常系于统治者的处心和做法。统治者若是真诚质朴，才能导出良好的政风；有良好的政风，社会才能趋于安宁。如果统治者机巧黠滑，就会产生败坏的政风。政风败坏，人们就相互伪诈，彼此贼害，而社会将无宁日了"。

当然，"将以愚之"是用"道"让百姓变得敦厚淳朴，从而减少狡诈虚伪之心。这与后世统治者实施的"愚民政策"是有本质区别的。

【原文】

小国寡民①。使②有什伯之器③而不用；使民重死④而不远徙⑤。虽有舟舆⑥，无所⑦乘之；虽有甲兵⑧，无所陈⑨之。使民复结绳而用之。

甘其食，美其服，安其居，乐其俗⑩。邻国相望，鸡犬之声相闻，民至老死，不相往来。

——《老子》第八十章

注解

①小国寡民：使国家变小，使人民稀少。小：使……变小。寡：使……减少。 ②使：即使。 ③什伯之器：各种各样的器具。什伯：极多，多种多样。 ④重死：看重生命，不轻易冒死亡危险。 ⑤徙：迁移，远离。 ⑥舟：船。舆：车。 ⑦无所：没有，没有什么。 ⑧甲兵：武器装备。 ⑨陈：同"阵"，陈列，这里引申为布阵打仗。 ⑩甘其食，美其服，安其居，乐其俗：让百姓觉得吃得香甜，穿得漂亮，住得安适，过得习惯。

【今译】

使国家变小，使人民稀少。即使有各种器具，却不使用；使人民看重生命，而不向远方迁徙；虽然有船只车辆，却没有什么必要去乘坐它；虽然有武器装备，却没有什么地方去陈列它；使人民再回复到远古结绳记事的自然状态中去。

让百姓觉得吃得香甜，穿得漂亮，住得安适，过得习惯。国与国之间互相望得见，鸡鸣狗吠的声音都可以互相听得见，但人民直到老死也不互相往来。

【释义】

这一章，老子提出了他的"小国寡民"的政治理想。

"小国寡民"是老子所描绘的理想社会。在这个理想社会中，"国"很小，"民"稀少，邻国相望、鸡犬之声相闻，民风淳朴敦厚，百姓生活安定恬淡。在老子看来，人们用结绳的方式记事，就不会攻心斗智，也就没有必要冒着生命危险远徙谋生。面对急剧动荡变革的社会现实，老子感到十分失落，于是便开始怀念远古蒙昧时代的原始生活。其实，这是一种对黑暗现实不满而又无奈的情绪发泄。

老子的这种社会设想，与当时社会的广土众民政策是相抵触的。无论是从地域广阔、人口众多的中国国情来看，还是从社会科技、机巧器具的发展需求来看，这一社会设想都显得不合时宜。

第三节　绝圣弃智

【原文】

不尚贤①，使民不争；不贵②难得之货③，使民不为盗；不见④可欲⑤，使民心不乱。

是以圣人之治，虚其心⑥，实其腹，弱其志⑦，强其骨。常使民无知无欲。使夫智者不敢为也。为无为则无不治⑧也。

——《老子》第三章

注解

①贤：有德行，有才能的人。　②贵：重视，珍视。　③货：财物。　④见（xiàn）：通"现"，出现，显露，这里是显示、炫耀的意思。　⑤可欲：能引起人的欲望的事物，如美味、美物、美色等。　⑥虚其心：使他们心里空虚，无思无欲。虚：使……空虚。心：古人以为心主思维，此指思想、头脑。　⑦弱其志：使其减弱志气，削弱其竞争的意图。　⑧治：治理，这里指治理得天下太平。

【今译】

不推崇有才德的人，使百姓不互相争夺功名；不过分珍爱难得的物品，使百姓不去想着偷盗与占有；不接触、不炫耀那些可以诱发人欲望的东西，使百姓的心思不至于混乱骚动。

因此，圣人的治理原则是：净化百姓的心思，填饱百姓的肚腹，减弱百姓的竞争意图，增强百姓的筋骨体魄，经常使老百姓没有欺诈伪作的智巧，没有逞强偷窃的心思与欲望，使那些所谓有才智的人也不敢胆大妄为。圣人按照"无为"的原则去做事，那么，这世事就没有治理不好的。

【释义】

在这一章中，老子阐发了他"不尚贤"、"无知无欲"、"无为而治"的治国思想。

老子认为，现实社会中统治者崇尚贤能、占有珠宝、炫耀物欲，是扰乱人心、造成社会动荡的根源。因此，圣人治理天下要削弱百姓的精神意志，只去关心他们的饮食身体。只有让聪明人也不敢有所作为，才能消除奸诈和贪婪，让百姓回归到质朴淳厚的状态，也才能做到"无为而治"。

在老子生活的春秋末期，天下大乱，国与国之间互相征战、兼并，大国称霸，小国自保，统治者们为维持自己的统治，纷纷招揽贤才，用以治国安邦。在当时的社会生活中，处处崇尚贤才，许多学派和学者都提出"尚贤"的主张，这原本是为国家之本着想。然而，在"尚贤"的旗号下，一些富有野心的人竞相争权夺位，抢占钱财，给民间也带来恶劣影响。一时间，民心紊乱，盗贼四起，社会动荡。针对社会上被人们所推崇的"尚贤"这一主张，老子在本章提出了全新的矫世之弊的方法。他一方面认为治政需要满足人们适当的安饱需求，即"实其腹"、"强其骨"，另一方面治政要净化社会环境，即"不尚贤"、"不贵货"，这样人们就能"虚其心"、"弱其志"。在老子看来，如果让百姓们没有盗取利禄之心，没有争强好胜之志，使人人都回归纯洁的、无知无欲的自然本性，就不会有争名夺利的现象发生了。这样做，也就是顺应了自然规律，就做到了无为而治，社会也就太平了。

需要说明的是，老子在这里提出的"不尚贤"的观点，并不包含贬低人才，否定人才的意思。老子的意图是想告诉统治者不要给贤才过分优越的地位、权势和功名，以免使"贤才"成为一种诱惑，从而引起人们纷纷争权夺利。

【原文】

绝圣弃智①，民利百倍；绝仁弃义，民复孝慈；绝巧弃利，盗贼无有。此三者②以为文③，不足。故令有所属④：见素抱朴⑤，少私寡欲，绝学⑥无忧。

——《老子》第十九章

①绝圣弃智：抛弃聪明智巧。圣：聪明，睿智。　　②此三者：指圣智、仁义、巧利。　　③文：条文，法则。　　④属：归属，适从。⑤见素抱朴：保持原有的自然本色。素：没有染色的丝。朴：没有雕琢的木。　　⑥绝学：弃绝仁义圣智之学。

【今译】

抛弃聪明和智巧，人民可以得到百倍的好处；抛弃仁义，人民才可以恢复孝慈的天性；抛弃巧诈和货利，盗贼才可以灭绝。把圣智、仁义、巧利这三者作为治理社会病态的法则是不足以治理天下的。所以仍须指令人们的思想认识有所归属，保持纯洁朴实的本性，减少私欲杂念，抛弃圣智礼法的浮夸学问，才能免于忧患。

【释义】

在这一章中，老子明确提出了"绝圣弃智"、"绝仁弃义"、"绝巧弃利"的观点。

针对种种社会弊病，老子提出与之相应的治理方案：抛弃"圣智"、"仁义"、"巧利"。他认为"圣"、"智"产生法制巧诈，用法制巧诈治国，便成为扰民的"有为"之政。而抛弃这种扰民的政举，人民就可以得到切实的利益，盗贼就能绝迹，国家就能大治。

"绝圣弃智"，首先是绝弃"机心"。如果人存"机心"，什么事做不出？什么人不会算计？人存"机心"，即使用"仁义"治理天下，这"仁"也会被用歪，"义"也会被用邪。所以为了"机心"不存于胸，为了天下淳朴安定，老子宁愿不要"智"的利处，也要将"智"的害处绝弃，这就是"绝圣弃智"和"绝巧弃利"。

而要能够做到这一点，老子认为还得回到他的"无为无欲"观——"见素抱朴"、"少私寡欲"，追求简朴本色、诚信自然。只有这样做，人们才能回归到清静不争、无知无欲的本性中去，人类质朴虚静的本来面目才会得以复苏。

老子这一章的观点主要针对儒家思想而言。老子认为，儒家的圣智、仁义、巧利是统治者扰民的"有为之为"，是欺骗百姓的"文饰"之举，是搜刮民脂民膏、盗贼产生的起因，是造成道德沦丧、世风败坏、社会混乱的根源。因此，应该坚决杜绝、抛弃。对此，庄子也做了进一步阐释："圣人不死，大盗不止。虽重圣人而治天下，则是重利盗跖也。为之斗斛以量之，则并与斗斛而窃之；为之权衡以称之，则并与权衡而窃之；为之符玺以信之，则并与符玺而窃之；为之仁义以矫之，则并与仁义而窃之。何以知其然邪？彼窃钩者诛，窃国者为诸侯，诸侯之门而仁义存焉，则是非窃仁义圣知邪？"

第四节　周行转化

【原文】

曲则全①，枉②则直，洼则盈③，敝则新，少则得，多则惑④。

是以圣人抱一为天下式⑤。不自见，故明⑥；不自是，故彰⑦；不自伐，故有功⑧；不自矜，故长⑨。

夫唯不争，故天下莫能与之争。古之所谓"曲则全"者，岂虚言哉？诚全而归之⑩。

——《老子》第二十二章

注解

①曲：弯曲，不直。全：保全。　②枉：弯曲，屈就。　③洼（wā）：低洼。盈：满。　④敝：坏，破旧。惑：迷惑。　⑤抱一：指守"道"，这里可以理解为坚守原则。一：指"道"，这里可以理解为上述规律原则。式：范式，模式。　⑥自见：自现，可以理解为自己表现。明：明显，这里指显示出来。　⑦自是：自以为是。彰：显著，显明。　⑧伐：夸耀。功：功劳，功绩。　⑨矜（jīn）：骄满。长：长久。　⑩全：完整，这里可以理解为确实存在。归：归宿，这里可以理解为到达，有成效。

【今译】

委曲反倒能保全，屈枉反倒能伸直；低洼反倒能充满，破旧反倒能更新，少取反倒能多得，贪多反倒会迷惑。

因此，有道的人坚守这一原则，以此作为天下事理的模式。不自我表现，反能显明自己的优势；不自以为是，反能显明是非曲直；不自我夸耀，反能有功劳；不骄满傲物，反能长久。

正因为与世无争，所以天下没有人能与他争。古时所谓"委曲可以保全"这类的话，怎么会是空话呢？它实实在在存在并且真有成效。

【释义】

这一章，老子通过多组相反对立的矛盾双方阐发了周行转化的道理。

"抱一不二"，有些哲学意味，坚守大"道"，坚持原则，不轻易改变。老子认为，自古以来，有道的圣人，必是"抱一为天下式"，固守一个原则以自处。什么叫"一"？"一"就是道，也就是说人生在世，做人做事，要有一个准则："以不变应万变。"

世间万物，看似相反，实则相成。我们看到弯曲、低洼、破旧的东西，总觉得这是些不完善、应该修补的东西，而老子却恰恰从这些常人所不重视的、甚至鄙视的东西中看出其潜在的重大功能。因为弯曲的、破旧的东西恰恰是它们的对立面完善、美好东西的根源。正反两面并不是截然对立的，而是相互依存、相互转化的。因为同一个事物都具有正反、阴阳两方面的属性，其中反的一面能生成正的一面，阴的一面能生成阳的一面。由此，老子认为保持不确定的柔弱灵动是行进途中最应该保持的基本范式，也是求得自我成全的基本要素。最善应变的行为者是最不易被改变的，与其像"物壮则老"那样因一味地坚持而被动地落向某一失控的反面，不如保持柔弱而能动地出入于正反之间，让自己能超越"名变"而常存。"抱一"，即保持最本质的道的"一"，即便因为环境、时间、人群等各种因素的变化而导致自身外在表现的各种变化，但其实质是不会改变的，即外在的"不一"，实际仍然是本质的"抱一"。

其实，这又何尝不是在启发我们思索人生的真谛呢？我们在追求理想的过程中，有志得意满之时，更有垂头丧气之际。心生浮华，身陷喧嚣，往往忘了追求的初衷，生命变得局促，生活变得匆忙，理想渐行渐远。何不抛却杂念，把握住最本初、最本质的东西，"抱一为天下式"，或许也就豁然开朗了。

在这一章中，老子看到了相反对立的矛盾双方可以互相转化的内在联系。他明确指出观察事物、处理问题时，将矛盾的双方根本对立、截然分开、见内不见外、见表不见里等都是错误的。但是，矛盾对立的双方怎样转化，应该如何循其规律向着有利的方向转化，老子却没有给出一个明确的交代。

【原文】

反①者"道"之动；弱者"道"之用②。

天下万物生于"有"③，有生于"无"④。

——《老子》第四十章

注解

①反：同"返"，循环往复。　②弱：柔弱，渺小。用：功用，效用，指效用的外在表现。　③有：指天地。天地有形体，是万物之母，而天地由无形的"道"产生。　④无：指超现实世界的形上之道。

【今译】

循环往复是"道"的运动方式，保持柔弱的状态是"道"的外在表现。

天下万物生于"有"，"有"生于看不见的"道"。

【释义】

这一章，老子提出了"道"的循环运动方式。

"有无相生"涉及的是"事物的矛盾和对立转化是永恒不变的规律"。这体现了老子思想的深刻性，也概括了自然和人类社会的本质规律。

理解这条规律要从一个关键词"反"入手。什么是"反"？我们可以从三个方面来理解。第一是反面、逆向，强调道的运动不是单向运动，而是有时要向相反的方向运动。第二强调"返"。返回到哪儿去呢？就是要回到事物的本原阶段，回到本初状态。第三是还返回去，强调事物运动变化是循环往复、周而复始的。运动的可逆性、反方向性和循环性是老子的一个重要发现，也是我们的先民对于宇宙人生的一种大胆的预言和假设。

"有无相生"还体现出老子的思维方式。老子在说明问题的时候常采用一种反向思维。一般人说"是什么"，老子一般说"不是什么"。油画中画云要用颜料把这朵云是什么色彩给画出来，一般情况下画一朵彩云要用多种颜色。而国画中画云，不是用颜色、水墨把云给画出来，而是通过"飞白"的方法来留空白，把它周围的山画出来，没有画的地方、空白的地方就是云了。这种以不画为画，就是典型的道家思维方式，就是相反相成的思维方式。

"有无相生"闪烁着中国传统哲学中辩证思维智慧的光芒。但是，同样的问题是老子没有指出世间万物的循环运动、相互转化的前提条件。

【原文】

其政闷闷①，其民淳淳②；其政察察③，其民缺缺④。祸兮，福之所倚；福兮，祸之所伏。孰知其极：其无正也⑤。正复为奇，善复为妖⑥。人之迷，其日固久。是以圣人方而不割⑦，廉而不刿⑧，直而不肆⑨，光而不耀⑩。

——《老子》第五十八章

注 解

①闷闷：昏昏昧昧的状态,这里借指国家政治宽厚广大。　②淳淳：淳朴厚道的样子。　③察察：精明严酷的样子。　④缺缺：抱怨不满足的样子。　⑤其无正也：它们并没有确定的标准。正：标准，确定。　⑥正复为奇,善复为妖：正的变为邪的,善的变成恶的。正：方正，端正。奇：反常，邪。善：善良。妖：邪恶。　⑦方而不割：方正而不伤人。割：伤害。　⑧廉而不刿：锐利而不伤害人。廉：锐利。刿（guì）：割伤。　⑨直而不肆：直率而不放肆。⑩光而不耀：光亮而不刺眼。

【今译】

政治宽厚清明,人民就淳朴忠诚；政治苛酷黑暗,人民就狡黠、抱怨。

灾祸啊,幸福依傍在它的里面；幸福啊,灾祸藏伏在它的里面。谁能知道究竟是灾祸还是幸福呢？它们并没有确定的标准。正忽然转变为邪的,善忽然转变为恶的,人们不知循环相生的道理,迷惑由来已久了。

因此,有道的圣人方正而不伤害人,锐利而不伤害人,直率而不放肆，光亮而不刺眼。

【释义】

在这一章中，老子继续向我们讲述祸福相依、对立转化的道理。

老子认为对立面既然互相转化，因此就很难确定哪一方面是正，哪一方面是负。这是政治、社会、人生方面的辩证法。《塞翁失马》的故事，就是老子"祸福相依"思想的生动体现和印证；范仲淹《岳阳楼记》中"不以物喜，不以己悲"的情感，也深受此影响。

冯友兰在分析此句时指出："老子哲学中的辩证法思想是春秋战国时期社会的剧烈的变革在人们思想中的反映。"在中国哲学史中，虽然从《周易》开始就有辩证法的思想，但用一般的规律形式把它表达出来，这还是老子的贡献。老子认识到宇宙间的事物都在运动变化之中，这些运动变化基本上是循环的，这种观察事物、认识事物的辩证方法，是老子哲学上的最大贡献。"祸福相依"的辩证思想还提醒人们要掌握处事的火候，为人处世、治国安邦的很多行为，也要考虑是否过度、是否会转向反面。

正因为这种祸福相依的思想，使得老子在实践中特别强调清静无为、顺其自然。老子认为，"祸福相依"也就是说祸和福这组矛盾像一切对立的事物一样，是辩证的，即使不经过主观的努力，祸自动也可以转化为福，福也可能转化为祸。也许老子不曾深入注意到：对立面必须在一定的条件下才互相转化，不具备一定的条件是不能转化的。祸可以转化为福，福也可以转化为祸，但都是在一定的条件下才是如此。

第五节　贵柔尚弱

【原文】

将欲歙之①，必固②张之；将欲弱之，必固强之；将欲废之，必固兴之；将欲取③之，必固与④之。是谓微明⑤。

柔弱胜刚强。

鱼不可脱⑥于渊，国之利器不可以示人⑦。

——《老子》第三十六章

将欲歙之，必固张之；将欲弱之，必固强之；
将欲废之，必固兴之；将欲取之，必固与之。

【今译】

想要收敛它，必须暂且扩张它，想要削弱它，必须暂且加强它，想要废除它，必须暂且振作它，想要夺取它，必须暂且给予它。这就叫做虽幽隐而显明。

柔弱战胜刚强。

鱼的生存不可以脱离池渊，国家的刑法政教不可以向人炫耀。

【释义】

在这一章中，老子阐述了"张极必歙"、"强极必弱"、"兴极必废"、"予极必夺"，从而得出"柔弱胜刚强"的道理。老子通过张歙、强弱、兴废、予取等多组矛盾关系，揭示了事物的两重性和矛盾转化的辩证关系，并进一步以自然界的辩证法比喻社会现象，希望能够引起人们的思考与警觉。"欲取先予"和成语"欲擒故纵"的意思非常接近，体现了老子的辩证法思想。

任何事物在发展过程中达到某一个极限时，必然会向相反的方向转化。在"歙"与"张"、"弱"与"强"、"废"与"兴"、"取"与"予"这四对矛盾的对立统一体中，老子明确提出了"柔弱胜刚强"的鲜明论断。这是他对人事物理进行了普遍而深入的观察研究之后，得出的结论。在老子看来，柔弱的东西里面蕴含着内敛，往往具有更强的韧性，因而也就拥有更加旺盛的生命力和更大的发展空间与潜力。相反，那些看似强大的东西，由于它们显扬外露、登峰造极，往往会失去持续发展的韧性与后劲，因而也就必然会走向失败。因此，在柔弱与刚强的对立之中，老子断言柔弱的事物必然战胜刚强的事物。

老子关于欲取先予、欲擒故纵的辩证法思想，对后世产生了广泛而深远的影响。将它运用于政治，是治国之道；运用于军事，是用兵之道；运用于日常生活，也是为人处世之道。从孔子所说的"后生可畏"到我们今天所说的"新生事物是不战胜的"，都是对老子所说的"柔弱胜刚强"的辩证思想的具体体现。同时需要说明的是，老子的"柔弱胜刚强"强调的是希望和潜力。而在很多情况下，真正的刚强并不是外强中干，真正的刚强还是要胜过柔弱的。

【原文】

勇于敢则杀，勇于不敢则活①。此两者，或利或害②。天之所恶，孰知其故？天之道③，不争而善胜，不言而善应，不召而自来，绰然④而善谋。

天网恢恢⑤，疏而不失⑥。

——《老子》第七十三章

注 解

①勇于敢则杀，勇于不敢则活：勇于进取就会死，勇于不争就可以活命。敢：进取，坚强。不敢：柔弱，不争。　②或利或害：有的有利，有的有害。或：有的。　③天之道：自然的规律。　④绰（chán）然：舒缓的样子。　⑤天网：这里是指自然的范围。恢恢：广大，宽广。　⑥疏而不失：虽然疏松却没有遗漏。

【今译】

勇于进取就会死，勇于不争就可以活，这两种勇的结果，有的有利，有的有害。上天所厌恶的，谁知道是什么缘故？自然的规律是，不争斗而善于取胜，不说话而善于应答，不召唤而自动到来，行动舒缓而善于筹划。

自然的范围，广大无边，虽然疏松却没有遗漏。

【释义】

在这一章中，老子阐述了柔弱不争的观点。

在老子看来，自然的法则是柔弱不争。自然的法则好比一张广大无边的天网，它疏松无形却可以网罗一切，威力无穷。自然界的万事万物只要依照自然的法则变化和发展，都会有好的结果，也不会有什么漏失。因此"勇于敢"就是违背自然法则的肆意妄为，是"匹夫之勇"，其结果是"杀"；"勇而不敢"则是顺应自然规律，不以人的主观意志取代客观实际，是"胆识之勇"，其结果是"活"。

"天网恢恢，疏而不失"也曾被视为是老子宣传"退缩"的生活态度和"命定论"思想的文字，刘康德在《老子直解》中就曾提出："天地间既存在着如老子说的'勇于敢则杀，勇于不敢则活'的事，也同样存在着'勇于敢则活，勇于不敢则杀'的事。"

【原文】

天下莫柔弱于水①，而攻坚强者莫之能胜②，以其无以易之③。

弱之胜强，柔之胜刚，天下莫不知，莫能行。

是以圣人云：受国之垢④，是谓社稷主⑤；受国不祥⑥，是为天下王。正言若反⑦。

——《老子》第七十八章

注解

①莫：否定性无定代词，没有，没有什么。于：介词，比。
②而：连词，表转折。者，代词，……的东西。莫之能胜：即莫能胜之，没有什么能战胜它。 ③无以：没有什么，没有用来……的方法。易：替代，取代。 ④受：承受，承担。之：助词，的。垢：屈辱。
⑤是：代词，这。谓：称得上。社稷：国家。 ⑥不祥：灾难，祸害。
⑦言：话语。若：好像。

【今译】

全天下再没有什么比水更柔弱了，但是攻打坚强的东西却没有什么东西可以胜过水。因为没有什么东西可以代替它。

弱胜过强，柔胜过刚，全天下人没有不知道，但是没有人能实行。

所以有道的圣人这样说："承担国家的屈辱，这才能称得上国家的君主，承担国家的祸灾，这才能称得上天下的君王。"正面的话好像反面一样。

【释义】

这一章体现了老子"正言若反"、"以柔克刚"的观点。

"正言若反"是老子对自己一些相反相成言论的高度概括。例如"大成若缺"、"大盈若冲"、"大直若屈"、"大巧若拙"、"大辩若讷"、"明道若昧"、"进道若退"、"夷道若类"、"上德若谷"、"大白若辱"、"广德若不足"、"建德若偷"、"质真若渝"、"大方无隅"、"大器晚成"、"大音希声"等。他们本来是彼此相异的、互相排斥的、对立的。但在某种条件、某种意义上，表示某种特定事物的概念和它的对方具有统一性，二者互相包含，互相融合，互相渗透，彼此同一。这样，在同一个判断中，就包含了对立概念的流动、转化，体现了概念的灵活性。这种灵活性是有条件的，老子的话也只在一定条件下才有意义。

我们也可以从"正言若反"的角度来理解老子的柔弱观点。表现"柔弱"是为了"胜刚强",说"不益生"是为了"长生",主张"无为"是为了"有为"等。

第六节　玄妙虚无

【原文】

古之善为道者①，微妙玄通，深不可识。夫唯不可识，故强为之容②：

豫兮③，若冬涉川；

犹兮④，若畏四邻；

俨兮⑤，其若客；

涣兮⑥，其若凌释；

敦兮，其若朴；

旷兮⑦，其若谷；

混兮⑧，其若浊。

孰能浊以静之徐清⑨？孰能安以静之徐生？

保此道者，不欲盈⑩。夫唯不盈，故能蔽而新成。

——《老子》第十五章

注解

①善为道者：指善行老子之道的人。 ②容：形容，描述。
③豫兮：形容迟疑、谨慎的样子。 ④犹兮：这里形容警觉、戒备的样子。若畏四邻：形容不敢妄动。 ⑤俨兮：形容端谨、庄严、恭敬的样子。 ⑥涣兮：形容流动的样子。 ⑦旷兮：形容心胸开阔、旷达的样子。 ⑧混兮：形容浑厚纯朴的样子。混：通"浑"。 ⑨孰：谁。徐：慢慢地。 ⑩不欲盈：不求满。盈：满。

【今译】

古时候善于行道的人，幽微精妙，玄奥通达，高深而难以认识。正因为难以认识，所以只能勉强形容他：

谨慎迟疑啊，好像冬天踩着水过河；

警觉戒备啊，好像防备着四周的进攻；

恭敬庄重啊，好像是做宾客；

行动洒脱啊，好像冰块缓缓消融；

淳朴敦厚啊，好像未经雕琢的木头；

旷远豁达啊，好像深幽的山谷；

浑厚宽容啊，好像一潭浊水。

谁能使浑浊安静下来，慢慢澄清？谁能使安静变动起来，慢慢显出生机？保持这种"道"的人不会盈满。

正因为他从不盈满，所以能够去旧更新。

【释义】

这一章，老子用诗一般的语言描述了修道者的修养和风貌。因为"道"是精妙玄奥、恍惚不定的，所以老子认为行道者也因此而表现得微妙玄通、深不可识。

"动"和"静"是促进生命生生不息的两大动力。在动荡不安时要修炼"静"的工夫，在安静时要修炼"动"的工夫，两者结合在一起，"内静外动"或"外静内动"，不自满，才能去旧更新。"浊静安动"是指使浑浊的事物安静下来，逐渐变得澄澈、清明；使安静的事物动起来，逐渐变得充满活力和生机。这是老子对"得道"之人的总结："孰能浊以静之徐清？孰能安以静之徐生？"只有得道之人才能以"静"的工夫使浑浊变得清净，以"动"的工夫使安静变得充满生机。

经过老子一系列"豫兮"、"犹兮"、"俨兮"、"涣兮"、"敦兮"、"旷兮"、"混兮"的描述，得"道"之士被勾画出这样一个大概：他们谨慎、警惕、严肃、洒脱、融和、纯朴、旷达、浑厚；他们微而不显，含而不露，高深莫测，为人处世从不自满高傲；他们有良好的人格修养和心理素质，有良好的静定功夫和内在修养。表面上他们清静无为，实际上极富创造性，即静极而动、动极而静。那么，经过老子这一番描述，你能够说出"善为道者"的样子吗？或许，正是由于老子理想的人格是谨慎警觉、庄重洒脱、淳朴敦厚、豁达宽容的，所以他才把"善为道"之人也描述成这个样子吧？

【原文】

孔德之容①，惟道是从。

"道"之为物，惟恍惟惚②。惚兮恍兮，其中有象③；恍兮惚兮，其中有物。窈兮冥兮④，其中有精⑤；其精甚真，其中有信⑥。

自今及古，其名不去，以阅众甫⑦。吾何以知众甫之状哉？以此⑧。

——《老子》第二十一章

注解

①孔：甚，大。容：指"德"的运作和形态。　②惟恍惟惚：似有似无，不清楚。　③象：指的是和"道"相对应的形象。　④窈：深远，微不可见。冥：暗昧，深不可测。　⑤精：指的是最微小的原质，极细微的物质性的实体，是微小中之最微小。　⑥甚真：十分真实。信：信实，真实可信。　⑦阅：认识，观察，检查。甫：通"父"，这里引申为开始。　⑧以此：由道来认识。此：这里代指道。

【今译】

大德的形态，是由道所决定的。

"道"这个东西，恍恍惚惚，没有清楚的固定实体。它是那样的恍恍惚惚啊，其中却有它的形象。它是那样的恍恍惚惚啊，其中却有它的实物。它是那样的深远暗昧啊，其中却有它的精质；这精质是最真实的，这精质是可以信赖检验的。

从当今上溯到古代，它的名字永远不能废除，依据它，才能观察万物的初始。我怎么才能知道万事万物开始的情况呢？是依据这个"道"来认识的。

【释义】

这一章，老子继续对"道"作直接描述。老子认为，"道"尽管没有形体，人的感官难以察觉，然而的确有这个东西，有其实物，也有其精质。

"惟道是从"，实际上论述的是"道"与"德"的关系问题，老子在整部《老子》中，体现出这样的意思："道"是无形的，它必须作用于外物，透过外物之媒介，而得以显现它的功能。"道"显现于物的功能，老子称之为"德"。也就是说，"道"产生了万事万物，而且内在于万事万物之中。一切事物中都能够表现出"道"的属性，也就是"德"。

老子提出"孔德之容，惟道是从"，进一步谈到了"道"与

"德"的概念与相互间的关系。"道"是"德"的根本，"德"是"道"的显现，合道者有德，不合道者无德。"道"体现在宇宙万物上，就代表着宇宙观和世界观；"德"对于人类来讲，是品格、德行，是成功者所具备的内在素质与标准。只有真正领悟大"道"才能真正拥有大"德"，从而建立正确的人生观和价值观。同时，"道德"也是体现人类美德的基础，更是人类发展过程中道德体系构建的依据。

在老子看来，"道"是的确存在的，但它是形而上的，并且无边无际，无形无状。因此，"道"只能是恍恍惚惚，似有似无。"道"是可知的，它是万物的本原和归宿。但是，真正让我们来描述"道"，又是很难的。或许只能"意会"，而不可以"言传"吧！